世界很大，
你要活得很美

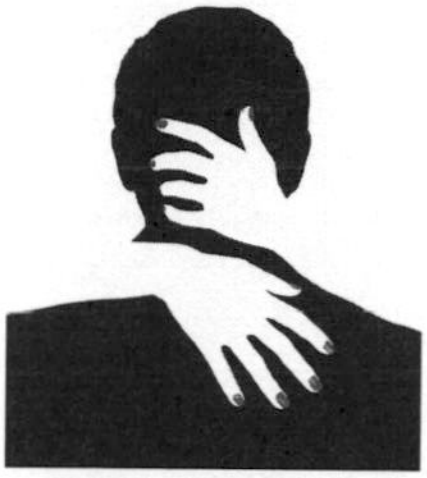

世界很大，
你要活得很美

孫麗 主編

Foreword 前言

你見過發條永遠上得十足的錶會走得久嗎？
你見過馬力經常加到極限的車會煞得住嗎？
你見過繃得過緊過直的琴弦會不易折斷嗎？
當然，你也不可能見到一個憂心忡忡的人，會保持樂觀的心態？

所以——
善用錶的人永遠不會把發條上得過足。
善駕車的人永遠不會把車子開得過快。
善操琴的人永遠不會把琴弦繃得過緊。
善樂觀的人永遠不會讓情緒走向憂慮。

從某種程度上說，人人都可對自己的情緒做相應的控制。大多數人都曾受累於情緒，似乎煩惱、壓抑總是接二連三襲來。有的人因此抱怨生活的不公平。這樣做雖然緩解一時的煩惱，卻解決不了根本問題，還無形中忽略了自己可以主宰生活的權利，明明是主人，卻成了奴僕，殊為可惜！

雖然控制情緒不易，但人並非注定要成為情緒的奴隸或喜怒無常之心情的犧牲者。身為情緒的主人，你應當從你的思想長廊裡抹去一切混亂的印象，代之以和諧、使人振奮、清新的念頭。

當你發覺不快的情緒湧上心頭，不妨將精力轉移到那些與這種情緒完全相反的方面，並樹立起正向思考的理念。這樣，你也許會驚奇地發現，那些阻礙你前行之腳步並使你的人生痛苦不勘的煩惱已一掃而空。正如打開窗簾，迎進陽光以後，黑暗就消失了一樣，你並沒有直接把困擾你的心靈的烏雲驅逐出去，只是應用了一副根治它的良藥。可以說，根治你不安情緒的這劑良藥，正是頭腦裡那種與不安、混亂截然相反的思維。

請記住這樣一句話：要驅除生命中的黑暗，最好的辦法就是使生命面對陽光；

要避免混亂，就得追求和諧；要避免發生錯誤，就得使多吸收新思維；要遠離邪惡，就得多多思索著美好善良的事物；要擺脫一切討厭和不健康的東西，就必須深思一切怡人和有趣的事。

在我們一生中，逆境往往是一個突破的機遇，它是站在你生命的轉折點上。

因此，你不妨每天告訴自己：世界很大，我可以活得更美好！

CHAPTER 1

挑戰生活，徹底脫離苦海

1．逆境中，才能認清自己／016
2．絕境中，永不放棄自己／019
3．困境中，學會欣賞自己／023
4．轉折時，堅決相信自己／026
5．做英雄，勇於戰勝自己／030
6．你能行，放膽挑戰自己／033
7．你很棒，適當獎勵自己／036
8．加把勁，不斷超越自己／040

CHAPTER 2

不懼逆境，只要再堅持一下

1．不到黃河心不死，雄心壯志並不難／044
2．順境沒有的東西，困難其實是機遇／049

3・99%敵不過1%，努力努力再努力／053
4・痛苦凝聚著力量，堅持中守住陽光／057
5・不放棄就有機會，沙漠盡頭是綠洲／061
6・積蓄戰鬥的力量，成功路上無捷徑／069

CHAPTER 3

積極行動，贏得人生賽場

1・哪裡跌倒，哪裡爬起／074
2・信念風帆，高高揚起／077
3・自己的路，堅定地走／079
4・丟了什麼，別丟激情／081
5・專注堅持，方能成功／084
6・挖掘潛能，爆發實力／088
7・敢想敢做，炫出精彩／091
8・尋求幫助，合作出金／096

CHAPTER 4

擺正位置，不再重蹈覆轍

1・驕傲自大，成功大忌／102
2・粗心大意，致命硬傷／104
3・投機取巧，害人害己／107
4・心浮氣躁，怎能成功／110
5・虎頭蛇尾，難成大業／113
6・目光短淺，患得患失／116
7・偏激武斷，敗走麥城／118
8・嫉賢妒能，毀掉一生／120

CHAPTER 5

戰勝自己，就能戰勝所有人

1・能擊垮你的只有你自己／124
2・戰勝自己就是一種超越／129

3·不要輕易地對生活絕望／131
4·強人善於指揮自己的心／133
5·應該知道自己怎樣去做／135
6·完美詮釋戰勝自己的人／138
7·有抗爭的能力就有希望／140
8·任何時候都要充滿激情／142
9·人人都應該給自己喝彩／145
10·讓我投降是絕不可能的／147

CHAPTER 6

認識自己，活出真我風采

1·認識了自己，才能了解別人／150
2·先認識自己，再去討論生活／152
3·給自己定位，明確人生方向／155
4·更多的出路，在於找到長處／158

5・客觀地評價，重新找到自我／161
6・你也一定能，輕鬆擺脫自卑／164
7・生命很珍貴，存在就有價值／167
8・你就是巨人，只要你有信心／171
9・向自我挑戰，有缺點又何妨／177
10・你是唯一的，是上帝的寵兒／184

CHAPTER 7

勇往直前，打造自信的習慣

1・信心不足難成大事／190
2・信心足以支撐行動／194
3・相信自己永不言敗／197
4・自信的人擁有勇氣／201
5・不要沉浸在自卑中／203
6・即使失意也不失志／206

7・莫要過度輕視自己／208
8・別讓自卑絆住腳步／211

CHAPTER 8

知足常樂，凡事不要太強求

1・能知足才能知不足／216
2・知足則無非分之想／218
3・做人就要懂得滿足／221
4・利字旁邊有一把刀／224
5・珍惜我們所擁有的／227
6・克服你的攀比心理／230
7・寬恕自己容忍別人／233
8・做好自己該做的事／236

第1章 挑戰生活，徹底脫離苦海

還在為自己生活中的無奈感到痛苦嗎？有沒有想過去改變自己？不要抱怨自己的命運不好，不要怪罪上天給你太多磨難，一切都取決於你自己！只要你勇敢地去挑戰生活帶給你的苦難，你就會脫離苦海，成為生活的主人，而不是被生活控制。怎樣才能成為生活的主人？只有改變自己，讓自己變得更強才能徹底脫離苦海。

1．逆境中，才能認清自己

人總是有劣根性的：當自己幸福的時候，從來不會去想別人的不幸。這句話轉換一下更能說明人的劣根性，當人在順風順水的時候，很少能看清自己。很多時候自己都不能看清楚自己，不知道自己最想要什麼，不知道自己最應該珍惜的是什麼。但是當處在逆境中時，人會沉靜下來，會思考自己所做過的事情，自己錯過的事情。應該說，逆境是人的一生當中最好的一位老師，它能讓你徹底看清自己。

相信每個人都有這樣的感觸，自己要是健康無恙，肯定不會惦記著自己的健康，肯定意識不到運動對健康是多麼重要，但是有一天你病了，你才會意識到健康對自己是多麼重要；只有那些失明了的人才更加珍惜光明，那些成年後失明、失聰的人就更是如此。然而，那些耳聰目明的人卻從來不好好地利用他們的這些天賦。他們視而不見、充耳不聞，無任何鑒賞之心。事情往往就是這樣，一旦失去了的東西，人們才會留戀它，人一旦處於逆境之中，才能看清自己。

曾為宏達國際總經理、退休從事公益事業的卓火土先生，本來生長在一個富裕之家，在他14歲的那一年，正當他快樂成長之時，爸爸在家門口給車撞了，他與家人送命危的父親到醫院急診，他心急如焚，欲哭無淚，整個急診室沒有一個人理會他，父親就在他眼前走了，到了另一個世界去了。家中的頂樑柱倒下了，家從此走向了苦難。

這樣的遺憾對一個少年而言是十分慘痛的，卻也使得他在後來的人生中立志成為一個有用的人——後來他在一個有名的國際大公司裡擔任了總經理。

後來當他談起這段經歷時，他說：「這是他人生重大轉捩點！」這讓他知道，以後家人的生存重擔全落在自己肩上了，他必須爭氣才能使家人從苦難中重獲新生。也是家庭的那次變故讓他認清了自己身上的擔子，讓他更加認真地去走自己的人生之路。

逆境最能使人謹小慎微，見微知著。經歷磨難的人往往比順境中過來的人更能正視社會現實；昂貴的痛苦和厄運，往往能成就一個人逆流而上的勇氣。

逆境對於天才是一塊墊腳石，對於能幹的人是一筆財富，對於弱者是一個萬丈深淵。拉梅奈說：「不懂得苦難裨益的人，並未過著聰明而真實的生活。」

因而逆境，可能是助力，但也可能是阻力。如果使人變得懷疑人性、悲觀消極或者憤世嫉俗，它就是一股阻力；如果將它轉化為動力，它將成為你奮發圖強的力量。看過世態炎涼，經歷了人生逆境的人，而且願意奮發向上的人，大都能擁有雙贏人生。

逆境比困境更能激發人的鬥志，更能鍛鍊人的意志；在這樣的逆境中，也更能看清自己的位置。就像春天的特色只有在冬天才能認清，在火爐背後才能吟出最好的五月詩篇。

逆境會讓你徹底低下自己曾經不可一世的頭，真切地思考自己所經歷的事情和應該做的事情。當一個人能夠在逆境中看清自己的時候，他就為自己走出困境走出了關鍵的一步，人在看清楚了自己之後，才會更有動力去實現自己的目標，才能更加確定自己的判斷。

2．絕境中，永不放棄自己

人的一生不會是一帆風順的，總會遇到各種挑戰與困境，甚至會進入痛苦不堪的絕境，在絕境中，人往往會對自己說放棄，從此一蹶不振，成為生活中的失敗者，痛苦不堪地度過自己的一生。有成就的人，在絕境中從來不會對自己說放棄，他們會用自己強大的生命力向命運挑戰，最終戰勝絕境成就自己輝煌的一生。

一七九一年，法拉第出生在倫敦市郊一個貧困鐵匠的家裡。他父親收入菲薄，常生病，子女又多，所以法拉第小時候連飯都吃不飽，有時他一個星期只能吃到一個麵包，當然更談不上去上學了。

法拉第12歲的時候，就上街去賣報。一邊賣報，一邊從報上識字。到13歲的時候，法拉第進了一家印刷廠當圖書裝訂學徒工，他一邊裝訂書，一邊學習。每當工餘時間，他就翻閱裝訂的書籍。有時甚至在送貨的路上，他也邊走邊看。經過幾年的努力，法拉第終於摘掉了文盲的帽子。

漸漸的，法拉第能夠看懂的書越來越多。他開始閱讀《大英百科全書》，並常常讀到深夜。他特別喜歡電學和力學方面的書。法拉第沒錢買書、買本子，就利用印刷廠的廢紙訂成筆記本，摘錄各種資料，有時還自己配上插圖。

一個偶然的機會，英國皇家學會會員丹斯來到印刷廠校對他的著作，無意中發現法拉第的「手抄本」。當他知道這是一位裝訂學徒記的筆記時，大吃一驚，於是丹斯把法拉第送到皇家學院讀書。

法拉第懷著極其興奮的心情，來到皇家學院旁聽。作報告的正是當時赫赫有名的英國著名化學家大衛。法拉第瞪大眼睛，非常用心地聽大衛講課。回家後，他把聽講筆記整理成冊，作為自學用的《化學課本》。

後來，法拉第把自己精心裝訂的《化學課本》寄給大衛教授，並附了一封信，在信中他表示：「極願逃出商界而入於科學界，因為據我的想像，科學能使人高尚而可親。」

收到信後，大衛深為感動。他非常欣賞法拉第的才幹，決定把他招為助手。法拉第非常勤奮，很快掌握了實驗技術，成為大衛的得力助手。

半年以後，大衛要到歐洲大陸作一次科學研究旅行，訪問歐洲各國的著名科學家，參觀各國的化學實驗室。大衛決定帶法拉第出國。就這樣，法拉第跟著大衛在歐洲旅行了一年半，會見了安培等著名科學家，長了不少見識，還學會了法語。

回國以後，法拉第開始獨立進行科學研究。不久，他發現了電磁感應現象。一八三四年，他發現了電解定律，震動了科學界。這一定律，被命名為「法拉第電解定律」。

法拉第依靠刻苦自學，從一個連小學都沒念過的裝訂圖書學徒工，跨入了世界一流科學家的行列。法拉第的生活異常困難，可以說那是人生的絕境。一個人在三餐都很難保證的情況下，有多少能做到不放棄追求自己的夢想呢？法拉第就是這樣堅強的人，他沒有放棄自己學知識的權利，沒有放棄讓自己卓越的機會，他把握著每個學習的機會，在沒有機會受到正規教育的時候，他抓住了一切能夠學習的機會，所以他成功了。他是在絕境中實現自己輝煌的典型例子。

絕境，讓那些不放棄的人變得更加堅強，激發他們更大的潛力，他們會因為絕境變得更加強大，絕境帶給他們的可能是一生珍貴的財富；對於那些輕言放棄的人而言，絕境猶如一劑毒藥，面對這劑毒藥，他們找不到解藥，最終放棄努力，最終成為失敗者。

絕境，在很多時候，如果你害怕去面對它，它會變得更強大；但是如果你有足夠的勇氣去面對並且讓自己堅強起來的時候，絕境就沒有那麼可怕了。

所以，人生並沒有絕對的絕境，很多時候，取決於自己的態度。當你真的把它當成無法跨越的坎時，那麼你已經輸了一大半；如果你選擇勇敢面對，那麼最終勝利的一定會是你。

在絕境中，千萬不要放棄自己，放棄了自己就一點機會都沒有了。要用自己的勇氣和信心向它挑戰。不過，可喜的是，一個人只要被逼到了死角，他就沒有後顧之憂了。

3．困境中，學會欣賞自己

欣賞自己是一件美妙的事情，但是並不是每個人都能做到。人們總是羨慕別人欣賞別人的長處，對自己卻是很吝嗇，總是覺得自己不夠好，沒有別人幸運，尤其是在困境中，人們更容易產生自暴自棄的情緒，更加頻繁地埋怨自己，卻沒有想過去欣賞自己。

其實，在困境中學會欣賞自己，對自己走出困境是有很大幫助的，懂得欣賞自己，看到自己的優點，才能給自己信心，讓自己更有動力去戰勝困境。

在困境中，學會欣賞自己，實際上就是自己在面對困難時保持一份樂觀積極的心態，讓自己能夠從困境中看到希望，從而不會陷入絕望的境地。

李華出生在一個偏遠的山村。小時候，家裡很窮，他沒機會上學，每天跟著父親在荒原上開墾、勞動。他在學校的時間總共沒有超過一年，雖然家裡很窮，但是他並沒有因為自己的貧窮看輕自己。相反地，他把這種生活的不幸當成對自己的鍛鍊，在困境中，他學會了欣賞自己。欣賞自己讓李華有更大的動力勤奮學習。他一有機會就向別人請教，他放牛、砍柴、挖地時懷裡也總揣著一本書。休息的時候，他一邊啃著粗硬冰涼的窩頭，一邊津津有味地看書。晚上，他在小油燈下常讀書讀到深夜。

長大後，李華離開家鄉獨自一人外出謀生。他在工地上做過小工，在飯店當服務員，找不到工作的時候就餓肚子。但是不管怎樣惡劣的生活環境，他都不會自卑，他始終對自己抱著一種欣賞的態度，認為總有一天會發揮自己的才能，走上成功之路，正是這種心態讓他在什麼時候都沒有放棄過學習。

經過自己的不懈努力，他終於走上了成功的道路。在這個過程中，他的自我欣賞的心態給他帶來很大的自信和勇氣。在他24歲那年，他參加了檢定考試，取得了律師資格，成了一名優秀的律師，他的生活開始發生了翻天覆地的變化。回想自己走過的路，他不無感慨地說：「要是我不懂得欣賞自己，在那樣的環境下，我早就放棄了，就不會有我的今天了。」

世界上每個有成就的人都是懂得自我欣賞的典範，尤其是在困境中。他們不會自怨自艾，不會唉聲歎氣，他們會從一個積極的角度去看待自己遇到的困難。這就是偉大的人與平凡的人之間的一個重要區別。

欣賞自己，就是在無人為我們鼓掌的時候，給自己一個鼓勵；在無人為我們拭淚的時候，給自己一些安慰；在我們自慚形穢的時候，給自己一片空間，一份自信。然後抖落昨日的疲憊與無奈，撫去昨日的傷痛和淚水，去迎接明天嶄新的朝陽，走向一個風和日麗的清晨……

欣賞別人是一種尊重，被別人欣賞是一種承認。欣賞自己則是一種自信，也是一種本領，在困境中欣賞自己是給自己信心與勇氣。

欣賞自己是一種睿智，讓自己的「閃光點」儘快「燦爛」起來，讓自己的「餘熱」盡可能多地發揮作用，這就是認同自己存在的一種人生價值觀。

4・轉折時，堅決相信自己

我們在生活中經常會遇到岔路的情況，面對岔路，自己往往不知道該往哪個方向行駛才能最快到達自己的目的地，這個時候，我們最需要的就是要相信自己的判斷，果斷地邁出自己的第一步，不要猶豫不決，否則會浪費更多的時間，讓自己陷入困境。

在人生之旅中，有很多轉折的路口，在這個路口總是需要我們做出選擇的，這個時候最需要的就是要相信自己。

蜚聲世界影壇的義大利著名電影明星索菲亞・羅蘭能夠成為令世人矚目的超級影星，是和她的自信心分不開的。

在《飛越奪命橋》、《昨天、今天、明天》等影片中，蘇菲亞・羅蘭以其獨特的魅力給觀眾留下深刻鮮明的印象。她的大鼻子、大眼睛、大嘴巴、豐滿的胸部和突出的臀部，都使她多了一份不可抗拒的美。

可是，你知道嗎？在蘇菲亞・羅蘭初試鏡頭的時候，差點兒因為她的長鼻子和豐腴的臀部而沒能走上影壇。攝影師們都嫌她的鼻子太長、臀部太發達，建議她動手術縮短鼻子、削減臀部，可是蘇菲亞・羅蘭堅決不同意。

蘇菲亞・羅蘭在她的自述中詳細地記敘了當時的情景：

有一天，他（指卡洛——作者注）叫我上他的辦公室去。我們剛剛進行了第三次或第四次試鏡頭，我記不清了。他以試探性的口吻對我說：「我剛才同攝影師開了個會，他們說的結果全一樣，噢，那是關於你的鼻子的。」

「我的鼻子怎麼啦？」儘管我知道將發生什麼事，但我還是問了。

「嗯，咳，如果你要想在電影界做一番事業，你也許該考慮作一些變動。」

「你的意思是要動動我的鼻子？」

「對。還有，也許你得把臀部削減一點。你看，我只是提出所有攝影師們的意見。這鼻子不會有多大問題，只要縮短一點，攝影師就能夠拍它了，你明白嗎？」

我當然懂得因為我的外型跟已經成名的那些女演員頗有不同，她們都相貌出眾，五官端正，而我卻不是這樣。我的臉毛病太多，但這些毛病加在一起反而會更有魅力呢。如果我的鼻子上有一個腫塊，我會毫不猶豫地把它除掉。但是，說我的鼻子太長，不，那是毫無道理的，因為我知道，鼻子是臉的主要部分，它使臉具有特點。我喜歡我的鼻子和臉的本來的樣子。

「說實在的，」於是我對卡洛說：「我的臉確實與眾不同，但是我為什麼要長得跟別人一樣呢？」

「我懂，」卡洛說。「我也希望保持你的本來面目，但是那些攝影師……」

「我要保持我的本色，我什麼也不願改變。」

「好吧，我們再看看。」卡洛說，他表示抱歉，不該提出這個問題。

「至於我的臀部。」我說。「無可否認，我的臀部確實有點過於發達，但那是我的一部分，是我所以成為我的一部分，那是我的特色。我願意保持我的本來面目。」

正是這次談話，使導演卡洛・龐蒂真正地認識了蘇菲亞・羅蘭，了解了她並且欣賞她。後來，卡洛・龐蒂成了羅蘭的丈夫。由於羅蘭沒有對攝影師們的話言聽計從，沒有對自己失去信心，所以她才得以在電影中充分展示她的與眾不同的美。而且，她的獨特外貌和熱情、開朗、奔放的氣質開始得到人們的承認。

從一九五〇年至一九七九年，她先後在75部影片中扮演角色，被人們稱為「從貧民窟飛出來的天鵝」。一九六一年，她主演的《烽火母女淚》獲得巨大成功，她因此而榮獲奧斯卡最佳女演員金像獎。

蘇菲亞・羅蘭在面對自己熱愛的電影事業時，並沒有盲目地聽從導演的意見，她堅持自己的特點，不願在自己的外貌上做出任何改變，即使冒著被導演辭掉的危險，她依然相信自己，沒有作出讓步，最終她得到了導演的認可，也得到了觀眾的認可，她在電影方面的成就證明了她的堅持和自信是正確的。

5．做英雄，勇於戰勝自己

有人說：「人生最大的敵人是自己，人生最大的失敗是看不起自己。」

《老子》中曾提到：「勝人者有力，自勝者強。」意思是說，能夠戰勝別人只是有力量的表現，而能夠戰勝自己才算得上是強者。人要獲得進步，取得成功，就要勇於戰勝自己。那些勇於戰勝自己的人才是真正的英雄。

人都是有惰性的，總是會找到各種藉口為自己的不努力開脫。人們經常會犯這樣的錯誤：為了能讓自己多睡半個小時，總是把自己的健身計畫拋之腦後；為了貪圖舒適，總是拿「學習是長期的任務，不在乎這點時間」當藉口；為了貪圖享樂，不能克制自己無節制的吃喝玩樂等。

表面上看起來是一些小事，但是如果我們不能克服自身的這些小毛病，怎能最終戰勝自己，有所成就？如果一個人要想最終戰勝自己，實現人生的跳躍，必須從小事中約束自己，從克服自己身上的小缺點開始，這樣才能最終戰勝自己。

每個有成就的人，也許並不是最聰明的人，但他們往往都是最懂得自制，懂得戰勝自己的弱點的人。

張海迪，一九五五年秋天在濟南出生。5歲患脊髓病，胸部以下全部癱瘓。從那時起，張海迪開始了她獨到的人生。她無法上學，便在家自學完中學課程。15歲時，張海迪跟隨父母，被下放到山東聊城農村，給孩子當起教書先生。她還自學針灸醫術，為鄉親們無償治療。後來，張海迪自學多門外語，還當過無線電修理工。

在殘酷的命運挑戰面前，張海迪沒有沮喪和沉淪，她以頑強的毅力和恒心與疾病作鬥爭，經受了嚴峻的考驗，對人生充滿了信心。她雖然沒有機會走進校門，卻發奮學習，學完了小學、中學全部課程，自學了大學英語、日語、德語和世界語，並攻讀了大學和碩士研究生的課程。

一九八三年張海迪開始從事文學創作，先後翻譯了《海邊診所》等數十萬字的英語小說，編著了《向天空敞開的窗口》、《生命的追問》、《輪椅上的夢》等書籍。其中《輪椅上的夢》在日本和韓國出版，而《生命的追問》出版不到半年，已再版3次，獲得了全國「五一工程」圖書獎。在《生命的追問》之前，這個獎項還從沒頒發給散文作品。後來，她又創作了小說《絕頂》。從一九八三年開始，張海迪創作和翻譯的作品超過100萬字。

張海迪的命運是不幸的，病魔奪去了她正常人的身體，但是她是堅強的，她沒有因為自己身體上的殘疾而自暴自棄，她用自己的堅強意志走出了比正常人更精彩的人生之路。她是自己的英雄，更成了大家的英雄。

戰勝自己須志存高遠，信念堅定。遠大的目標能煥發出激昂的鬥志，不懈的努力能征服任何艱難困苦。高標準嚴格要求自己，付出滴水穿石的努力，才有可能達到理想的彼岸，做到「有志者事竟成」。任何朝三暮四、淺嘗輒止、得過且過、隨波逐流的態度，都將導致半途而廢，功敗垂成。

戰勝自己須見賢思齊，知恥後勇。人貴有自知之明，對自己的優劣長短，要有一個全面的、正確的認識。只有正視自己的缺點，看到自己的短處，自覺與別人的優長對照，深入剖析自身的弱點、缺點和錯誤，才能發現差距何在，才能知恥後勇，努力剔除自身消極的東西，在自省中自勵，在反思中提高，在提高中不斷戰勝自己。

6・你能行，放膽挑戰自己

每個人都擁有自己的夢想，但是到頭來真正能夠實現自己夢想的人卻很少。為什麼？人的智商不會有太大的差別，能否成功的關鍵就在於你是否有勇氣去挑戰自己，能否做到別人做不到的事情。敢於挑戰自己的人，往往能夠激發自己無窮的潛力，從而取得更大的成就。

「老驥伏櫪，志在千里；烈士暮年，壯心不已。」曹操在花甲之年發出了這樣豪言壯語。面對「三國鼎立」的複雜形式，面對年輕力壯的政敵，他仍想統一全國，實現富國強民的理想，雖然年老體衰，但是仍然有挑戰自己的決心。

成功的人都不是一蹴而就的，他們都是在不斷挑戰自己的過程中，為自己樹立更高的目標，一步步走向人生的輝煌。敢於向自己挑戰的，一定是非常有自信的人，他認為自己一定能夠比現在更好，所以不斷提高對自己的要求；敢於挑戰自己的人一定很有鬥志，因為他喜歡讓自己變得更好，而要變得更好，必須保持鬥志，有熱情。

五年前，艾蜜莉畢業於某理工大學，當時有兩個職位可供她選擇：一個是到一家大型的事業單位做祕書，一個是到一家起步時間不長但發展勢頭較好的高新企業做銷售。部分朋友都勸她到那家事業單位去，認為這樣的工作比較具有穩定性，適合女孩子。但艾蜜莉根據自己一向喜歡挑戰的特點，認為銷售更能夠激發自己的鬥志，所以她最終選擇了做銷售。

艾蜜莉根據自己的興趣選擇了適合自己發展的工作，這也許就是她成功的第一步吧。

經過幾年的工作，原本「很有個性」的艾蜜莉，在銷售中逐漸掌握了商場中為人處世、與人溝通的技巧和一些職場遊戲規則。從賣軟體，到賣系統和打包的解決方案，艾蜜莉逐漸樹立了自己的工作原則和親切的風格，凡事都站在客戶的角度出發銷售產品，在工作中對客戶的承諾說到做到。

由此，艾蜜莉使自己成為銷售產品的專家，也同時贏得客戶的信賴和回報。她對自己更有自信了，也更認定當初的決定是正確的。

在這個過程中，艾蜜莉給自己不斷制訂新的目標，包括銷售額和個人收入，而這些計畫常常帶有挑戰的色彩，強迫自己實現目標。她想證明自己還能做到更好，在這個目標下，她不但有了豐厚的收入，也在這個行業有了點名氣。但當銷售做到一定業績後，她卻發現在銷售管理方面有些乏力。

面對如此情況，艾蜜莉又依照職業顧問的建議，勇敢地跨出了新的一步。在選擇充電的同時，她跳槽到了一家準備大力開拓市場的公司做了銷售經理。雖然這使她生活不太輕鬆，但她卻很「沉迷」，有著如魚得水的滿足感，更重要的是從中學會了如何更好地管理一個銷售團隊，這正是她進入這家公司的主要原因。她最後成為IT公司一名出色的銷售經理。

最近，艾蜜莉被獵人頭公司看中，十分順利地跳到同行業的一家公司。在新的業務年度裡，頭銜成了銷售總監，艾蜜莉在職業上又將有不小的飛躍。

7．你很棒，適當獎勵自己

人在自己奮鬥的過程中，總會有疲憊不堪的時候，甚至在遇到挫折的時候會有放棄的念頭，這時候，我們是很需要一種力量的，這種力量能夠支撐我們繼續努力，或者讓我們更有鬥志，這就是激勵的力量。很多時候人們總是認為激勵是要靠別人給的，但是實際上，在適當的時候，自己給自己打氣，自己給自己鼓勵是更好的興奮劑。

在自己實現了制訂的某個計畫時，可以自豪地跟自己說聲「你很棒」，或者可以吃頓大餐來獎勵一下自己，這不僅能讓你放鬆自己，更能激發你繼續前進的動力。所以，不要吝嗇對自己的讚美，在適當的時候要給自己一定的獎勵。會獎勵自己的人更知道怎樣讓自己一直保持旺盛的精力，這樣的人更容易接近成功。

四個來自不同方向的青年找到魯班，他們希望能從魯班手裡學到精湛的木工手藝。魯班拿出四把沒有柄的斧頭，對四位年輕人說：「翻過西山的六個山頭，有一片灌木林，我的每一把斧頭上都需要一把灌木做的柄，你們四個人去吧。回來後，我會把我全部的手藝都傳授給你們。」

魯班的家人從廚房拿出四個乾糧袋，裝入了等量的燒餅和雞蛋。對四個人說：「去吧，這是你們路上的食物。」四個青年拿起斧頭，背起乾糧上路了。

火辣辣的太陽，滿路的荊棘，讓四個小青年感到又渴又餓又苦又累。行到第一座山頭的半山腰，四個人坐在溪邊的草地上，喝了幾口甘泉，然後打開了乾糧袋。乾糧袋裡有6個燒餅和6個雞蛋。一個青年建議說：「我們應該爬到山頭再吃！」另一個青年衝他笑著說：「別傻了，現在我們又饑又餓，還要背著沉甸甸的乾糧袋，吃點兒，既解決了饑餓問題，又減輕了身上的負擔……」邊說邊拿起燒餅雞蛋塞進嘴中。

看到他吃得津津有味，另兩位青年咽了幾口唾液，也拿起燒餅雞蛋。第一個青年吃了3個燒餅3個雞蛋，然後躺在草地上拍拍自己隆起的肚皮說：「好爽呀！我不上去了，又苦又累，一會兒我就下山，剩下的食物正好夠我路上吃。」

三個人繼續前行。到了山頂，三個青年在樹下歇息，半路沒有吃東西的三個人，打開乾糧袋，拿出1個燒餅1個雞蛋，說：「終於爬到山頂了，這就是自己對自己的獎勵！」

「對，我們已經過了一道關，是應該獎勵一下自己！」

另兩個人也打開乾糧袋吃了起來……

到了第二座山的半山腰，第二位青年的乾糧袋空了。他躺在草地上懶懶地說：「你們兩個走吧，我已經受不了這種磨難了。」

兩個人繼續前行，到了山頂，兩個人在樹下歇息。打開乾糧袋，拿出1個燒餅，一個雞蛋，說：「終於又爬到了一個山頂！」

第三個人繼續吃完自己最後的一個燒餅，一個雞蛋後，望望眼前還有四座山峰，說：「求師的路太艱難了，你一個人去吧！」

翻過最後一個山頭，第四個人終於看到了師傅說的那片灌木林。在灌木林旁邊一塊大石頭上，魯班師傅笑眯眯地坐在上面。小青年忙上前叩拜，魯班急忙拉起小青年，問：「其他人呢？」小青年說：「他們半路放棄了！」

「那你為什麼能一直堅持走下去？」小青年拍拍空空的乾糧袋說：「因為有師傅給我的食物做獎勵，爬到一個山頭，我就會嘗到一份成功的喜悅……」不等小青年說完，魯班就哈哈大笑起來，說：「好，我就收下你這個徒弟了……」

最終成為魯班徒弟的這個青年，就是很會在適當時候獎勵自己的人，他沒有把自己的食物一次吃完，而是把它當成登上每個山頭對自己的獎勵，所以，他路上都保持著熱情，這份熱情伴隨著他成功到達了目的地，得到了魯班的賞識。

拿破崙・希爾歷來相信獎勵制度。當你取得預期的成就時，你獎勵自己，小成就小獎，大成就大獎。例如，如果要連續幾個鐘頭才能完成某項工作，你應對自己說做完了就休息，吃點東西，或看場球賽。但是絕不在完成任務之前就獎勵自己。當你取得一項重大成就時，一定要把慶祝活動搞得終生難忘。

通往成功的路是艱難坎坷的，但學會時時刻刻給自己一點獎勵的人，似乎會走得輕鬆一些，也會離成功更近一些。

8．加把勁，不斷超越自己

有一個心理學家曾經說過：「你一定比你想像的還要好，但是許多人並不這樣認為。」是的，人總是害怕超出自己想像的事情，認為那是不可能達到的，然而，事實是人的潛力是無窮的，只要你願意挖掘，就會發現自己能夠超越原來的自己。

許多傑出人士在小小年紀時，就懷有大志，就想與眾不同，無論遭遇任何磨難，仍相信自己是最好的。你是不是有這樣的信念，有別人打不倒的自信心呢？你的堅持有多強，你的自信就有多強，你的路就有多長。

人，往往習慣於表現自己所熟悉、所擅長的領域。但如果我們願意回首，細細檢視，就會恍然大悟：看似緊鑼密鼓的工作挑戰，永無遏止、難度漸升的環境壓力，不也在不知不覺間鍛鍊了我們今日的諸般能力嗎？因為，人確實擁有無限的潛力！

每一個人都應該永遠記住這個真理，只有不斷超越自我的人，才是一個真正聰明人。人生在世，每個人都有自己的獨特的稟性和天賦，每個人都有自己獨特的實現人生價值的切入點。你只要按照自己的稟賦發展自己，不斷地超越心靈的絆馬索，你就不會忽略自己生命中的太陽，而淹沒在他人的光輝裡。

約翰和湯姆是相鄰兩家的孩子，他倆從小就一起玩耍。約翰是一個聰明的孩子，學什麼都是一點就通，他知道自己的優勢，自然也頗為驕傲。湯姆的腦子沒有約翰靈光，儘管他很用功，但成績卻難以進入前10名。

與約翰相比，他心裡時常流露出一種自卑，然而，他的母親卻總是鼓勵他：「如果你總是以他人的成績來衡量自己，你終生也不過只是一個『追逐者』。奔馳的駿馬儘管在開始的時候總是呼嘯在前，但最終抵達目的的，卻往往是充滿耐心和毅力的駱駝。」

約翰自認是個聰明人，但一生業績平平，沒能成就任何一件大事，而自覺很笨的湯姆卻從各個方面充實自己，一點一點地超越著自我，最終成就了非凡的業績。

約翰憤憤不平，以至鬱鬱而終。他的靈魂飛到了天堂後，質問上帝：「我的聰明才智遠遠超過湯姆，我應該比他更偉大才是，可為什麼你卻讓他成了人間的卓越者呢？」

上帝笑了笑說：「可憐的約翰啊，你至死都沒弄明白：我把每個人送到世上，在他的生命『口袋』裡都放了同樣的東西，只不過把你的聰明放到了前面的『口袋』裡，你因為看到或是觸摸到自己的聰明而沾沾自喜，以至誤了自己的終生！而湯姆的聰明卻放到了後面的『口袋』裡，他因為看不到自己的聰明，總是仰著頭看著前方，所以，他一生都在不自覺地邁步向前！」

湯姆因為自己沒有過人的天賦，所以他選擇了腳踏實地，從小事做起，一點點實現自我超越，最終他成就了自己的卓越，而聰明的約翰自認為自己很聰明，並沒有好好利用自己的天賦，而是選擇原地踏步，久而久之，湯姆超過了他，他只能在羨慕別人中鬱鬱寡歡。

前一陣子，電視臺播了一個廣告新星大獎賽的決賽實況錄影，其中一個參賽選手原本是一個賓館服務員，後來又成為一名歌手，現在又想成為一個廣告新星。她在比賽中說了一句話：人就是要不斷超越自己。

這句話說得很好，一個有理想有抱負的人就是要勇於超越自己，正如法國大文豪雨果所說：「所謂活著的人，就是不斷挑戰的人，不斷攀登命運高峰的人。」

第2章
不懼逆境，只要再堅持一下

成功本身並不難，難的是成功之前面對失敗的精神品質。人生是一場搏鬥。敢於搏鬥的人，才可能是命運的主人。在山窮水盡的絕境裏，再堅持一下，也許就能看到柳暗花明。在冰天雪地的嚴寒中，再堅持一下，一定會迎來溫暖的春風。

1・不到黃河心不死，雄心壯志並不難

在一間工具房中，有一些工具聚在一起開會，大夥兒正在商量要怎樣對付一塊堅硬的生鐵。

斧頭首先耀武揚威地說：「讓我來，我可以一下子就把它解決了。」於是斧頭很用力地對著鐵塊砍下去。可是，只有一會兒的工夫，斧頭便鈍了，前端的鋒刃都捲了起來。

「還是我來吧！」鋸子信心十足地說著，它用鋒利的鋸齒在鐵塊上來回地鋸，但是沒有多久，鋸齒都被磨平了。

這時錘子笑道：「你們真沒用，閃到一邊去，讓我來顯顯身手。」於是錘子對鐵塊一陣猛錘猛打，其聲震耳。但錘了好久，錘子的頭也掉了，但鐵塊依然如故。

「我可以試試麼？」小小的火焰在旁邊請求說。

雖然大家都瞧不起它，但還是給它一個機會試試。

小火焰輕輕地燒著鐵塊，不停地燒，不停地燒。過了一段時間，在它堅韌的熱力之下，整個鐵塊終於燒紅，並且完全熔化了。

小火焰的恒心提醒你了嗎？想一想周圍的成功者和失敗者，我們經常會發現，有的人很聰明，卻毫無建樹，而有的人雖然生性駑鈍，卻常常有所成就。其中的奧祕就在於笨人能堅持不懈地來彌補自己的缺陷。而聰明人常自以為是，忽視了持之以恆的重要性。

熟悉金庸小說的人都知道《射雕英雄傳》中的郭靖資質愚鈍、不善變通，因而自小學武就是一件費力的事。縱然有江南七怪的悉心指點，郭靖要成為武林高手的希望也十分渺茫。但是郭靖天生有一股勤修苦練、持之以恆的耐性。這一點，加上不錯的運氣，他最終成為一代武林高手，威震武林。

許多年以前，在荷蘭的一個小鎮，來了一個只有初中教育的年輕農民，他的名字叫列文虎克。他的工作主要是為鎮政府守大門，他在那兒一幹就是60多年。

在工作之餘，他從來不打牌，不下棋。他只有一個愛好，那就是磨鏡片。為了鑽研磨鏡技術，他到處求師訪友，向眼鏡匠學習，向煉金家請教。常常磨鏡片磨到深夜都不肯罷手。由於這種對鏡片的愛好，他一下班就躲到屋裡忙活起來，這自然就減少了他與親友交流的時間，所以被周遭的所有人誤解，他常常被認為是「不近人情的傢伙」。

對此，列文虎克無動於衷，依然鍥而不舍地鑽研。他磨出的複合鏡片的放大倍數超過了專業技師，最終製成了當時無與倫比的精細顯微鏡，揭開了科技尚未知曉的微生物世界的「面紗」，為此他被授予巴黎科學院院士的頭銜。英國女王訪問荷蘭時，還專程到這個小鎮拜會他，英國皇家學會也把他選為了其中的會員。

列文虎克的成功就在於他擁有了堅韌不拔的精神。許多人在事業上的失敗，常常不是因為沒有選准目標，也不是因為難度太大了，而是因為他們缺乏堅強的意志和堅韌的品格。列文虎克打磨鏡片，一幹就是60多年，其中的艱辛、枯燥和乏味不言自明，沒有堅韌不拔的意志和鍥而不舍的精神是萬萬不行的。他走的是一條艱辛的荊棘路。打磨鏡片在別人看來是太平常的一件工作，但正是在這種細小平凡的事情中才能看出一個人做事的態度。列文虎克有不同於其他人的想法，他想把手頭上的每一塊鏡片都磨好，所以他扎扎實實、一絲不苟地做著這樣的事情，用盡畢生的心血完成了每一個平淡無奇的動作。

在他85歲那年，朋友們勸他安度餘生，離開顯微鏡，他卻說：「要做成一件事，必須花掉畢生的時間……」他活到90歲高齡，也沒有離開顯微鏡。正是把堅韌不拔的品格作為護身法寶，列文虎克才走過了漫長而坎坷的崎嶇小路，用辛勞的汗水澆出了絢麗的成功之花。

科學上的許許多多所謂「一舉成功」、「一鳴驚人」的壯舉，都是長久地默默地堅持付出的結果，都是以鋼鐵般的意志和鍥而不舍的精神去戰勝無數困難的結果。諾貝爾獎金獲得者、化學家大衛斯說：「真正的雄心壯志幾乎全是智慧、辛勤、學習、經驗的積累，差一分一毫也達不到目的。至於那些一鳴驚人的學者，只是人們覺得他一鳴驚人，其實他下的工夫和潛在的智慧，別人事前未能領會到！」

要想取得成功，沒有什麼「捷徑」可走，也沒有什麼「錦囊妙計」，最需要的就是堅韌不拔的品格。正如法國微生物學家巴斯德所說：「告訴你使我達到目標的奧祕吧，我唯一的力量就是我的堅持精神。」

所以，忍耐是一種痛苦的磨煉，歷經煉獄般的折磨而銘刻於心。尤其是搞科學研究的人員，如果沒有持之以恆的精神，是不可能完成尖端的研究項目的。在那種條件下，挑戰的不只是一個人的智力，更多的是對一個人心理素質的挑戰。如果沒有一個良好的心理素質，沒有一個能夠抗住外界壓力和艱苦環境的忍耐精神，是不可能做出成績的。

當一個人身處逆境時很容易消極頹廢，很容易產生懈怠的情緒，寧可坐在那裡乾等，也不願意採取行動或是設法努力向前。他們信奉時間會解決一切，時間能夠消除心靈的傷疤，無論對個人還是對事業，都抱著「除非確定事情肯定成功，否則不要去做」的態度。

但事實上，很多事情根本無法提前很準確地知道它是否一定可行。所以這種人做起事來老是畏畏縮縮，這樣他們常常感受不到生活的樂趣，找不到自己發展的方向，找不到自己奮鬥的目標和寄託的希望。這種等待的狀態並不是那種忍耐的狀態。形勢不明朗時我們必須忍耐一點，但卻不能忘記自己前進的方向。如果想讓自己有所成就，我們就必須全力以赴地去爭取，積極地等待機會的到來。

2・順境沒有的東西，困難其實是機遇

人處逆境，往往能夠看到很多順境中看不到的東西。

一個年輕人大學畢業後，家庭和事業始終不順，於是找自己的老師進行傾訴。在耐心聽完學生的抱怨後，老師微微一笑，對他說：「聽起來你的處境確實不太好，這樣吧，明天晚上到我家裡來一趟。」

第二天晚上，年輕人如約來到了老師的住處。老師帶他來到陽臺，指著夜空問道：「你能數清楚天上有多少顆星星嗎？」年輕人有些莫名其妙，撓了撓頭說：「當然數不清了。」「那麼，白天你能看見這些星星嗎？」老師又問。「不能！」年輕人更加茫然。

老師語重心長地說：「白天，我們看到的最遠的星球是太陽；但在夜裡，卻可以看見無數比太陽還遠億萬倍的星體！這就像我們的人生，當你處在黑夜時，或許能讓你看到更多以及更遠的風景哩！」

鑽石和煤炭的構成元素都是碳，金剛石光彩奪目，而煤炭剛好相反。造成這種天壤之別的一個重要因素就是金剛石在地下多待了好多年。要想獲得大成就，就要學會沉潛，就要懂得不斷地積蓄力量。只要真有力量，就一定有發揮的舞臺。

磨難是成長的食糧。失敗得越多，成功的可能性就越大。世界著名發明家愛迪生發明電燈時，不知道經歷了多少次失敗。當他用成百上千種材料做燈絲實驗失敗時，有人問他浪費了這麼多時間後不後悔，他說談不上後悔，因為他證明了這成百上千種材料是不適合當燈絲的。

人還要學會永遠懷有夢想。一九五五年，有一個叫雷・克洛克的推銷商，已經54歲了，這幾十年來他一直在推銷產品，但是無論他如何努力，他都做得很不成功，然而與其他過了中年的人不同的是，他從來都沒有放棄過成為富翁的念頭。儘管到了54歲，他還在推銷紙杯和奶昔機。然而正是這一年，他看到了一家經營得十分好的速食店，很快他就被這家店給吸引住了。在他的整個後半生，他都不辭辛勞地經營著這家速食店——麥當勞。

在逆境中能堅持下來的人，必然更加堅強。

人生在世，總會遇到不可預知的突發狀況。在困窘面前，生氣、焦慮、埋怨都不能從根本上解決問題。「山重水盡疑無路，柳暗花明又一村」，唯有靜下心來，用智慧在困境中找出希望，才能出奇制勝成為最後的贏家。

古希臘神話傳說中有這樣一個故事，很耐人尋味：

天神西緒弗因為在天庭犯了法，遭到宇宙之神宙斯懲罰，降到人世間來受苦。宙斯對他的懲罰是推一塊石頭上山。每天，西緒弗都費了很大的勁兒把那塊石頭推到山頂，然後回家休息時，石頭又會自動地滾下來。

於是，西緒弗又要把那塊石頭往山上推。這樣，西緒弗不得不在永無止境的失敗命運中受苦受難。西緒弗每次推石頭上山時，其他天神都打擊他，告訴他不可能成功。但西緒弗不肯認命，一心想著推石頭上山是他的責任，只要把石頭推上山頂，責任就盡到了，至於石頭是否會滾下來，那不是他的事。

所以，當西緒弗努力地推石頭上山的時候，他心中顯得非常平靜，因為他安慰著自己：明天還有石頭可推，明天還有希望。

宙斯對西緒弗無可奈何，最後只好放他回了天庭。

把困難當做機遇，把命運的折磨當做人生的考驗。忍受今天的苦楚，寄希望於明天的甘甜，這樣的人，即使是上帝對他也無能為力。

人的一生絕不可能是一帆風順的，有成功的喜悅，也有無盡的煩惱；有波瀾不驚的坦途，更有佈滿荊棘的坎坷與險阻。當苦難的浪潮向我們湧來時，我們唯有與命運進行不懈的抗爭，才有希望看見成功女神高舉著的橄欖枝。

苦難是鍛鍊人意志的最好的學校。與苦難搏擊，它會激發我們身上無窮的潛力，鍛鍊我們的膽識，磨煉我們的意志。也許，身處苦難之時我們會倍感痛苦與無奈，但當我們走過困苦之後，就會更加深刻地明白：正是那份苦難使我們人格上更加成熟和偉岸，給了我們面對一切無所畏懼的能力，以及與這種能力緊密相連的面對苦難的心態。

苦難，在不屈的人們面前會化成一種禮物。這份珍貴的禮物會成為真正滋潤我們生命的甘泉，讓我們在人生的任何時刻，都不會輕易被擊倒！

3·99%敵不過1%，努力努力再努力

不管做什麼事，只要放棄了，就沒有成功的機會。不放棄就會一直擁有成功的希望。如果有99%想要成功的欲望，卻有1%想要放棄的念頭，那麼是沒有辦法成功的。

青年農民達比賣掉自己的全部家產，來到科羅拉多州追尋黃金夢。他圍了一塊地，用十字鎬和鐵鍬進行挖掘。經過幾十天的辛勤工作，達比終於看到了閃閃發光的金礦石。接下來，繼續開採必須有機器，他只好悄悄地把金礦掩埋好，暗中回家湊錢買機器。

當他費盡千辛萬苦弄來了機器，繼續進行挖掘時，不久就遇到了一堆普通的石頭，達比認為金礦枯竭了，原來所做的一切將一錢不值。他難以維持每天的開支，更承受不住越來越重的精神壓力，只好把機器當廢鐵賣給了收廢品的人，「捲著鋪蓋」回了家。

收廢品的人請來一位礦業工程師對現場進行勘察，得出的結論是：目前遇到的是「假脈」。如果再挖三尺，就可能遇到金礦。收廢品的人按照工程師的指點，在達比的基礎上不斷地往下挖。正如工程師所言，他遇到了豐富的金礦，獲得了數百萬美元的利潤。

達比從報紙上知道這個消息，氣得捶胸頓足、追悔莫及。

也許，我們離成功只有一步之遙，只要再堅持一下，就可以敲開成功的大門，但如果此時停住前進的腳步，就意味著我們與成功將失之交臂了。

日本的名人市村清池，在青年時代擔任富國人壽熊本分公司的推銷員，每天到處奔波拜訪，可是連一張合約都沒簽成，因為當時的人們對保險尚未有正確的概念，是很不受歡迎的一種行業。

在68天之間，他沒有領到薪水，只有少數的車馬費，就算他想節約一點過日子，仍連最基本的生活費都沒有。到了最後，已經心灰意冷的市村清池就同太太商量，準備連夜趕回東京，不再繼續拉保險了。此時他的妻子卻含淚對他說：「一個星期，只要再努力一個星期看看，如果真不行的話……」

第二天，他重新鼓起勇氣到某位校長家拜訪，這次終於成功了。

後來他曾描述當時的情形說：「我在按鈴的時候之所以提不起勇氣的原因是，

已經來過七、八次了，對方覺得很不耐煩，這次再打擾人家一定沒有好臉色看。哪知道對方這個時候已準備投保了，可以說只差一張契約還沒簽而已。假如在那一刻我就這樣過門不入，我想那張契約也就簽不到了。」

在簽了那張契約之後，又有不少契約接踵而來，而且投保的人也和以前完全不相同，都是主動表示願意投保。許多人的自願投保給他帶來無比的勇氣。在一個月內他的業績就一躍而成為富國人壽的佼佼者。

在歷史的長河與現實的生活中，也有很多為理想為事業奮鬥的人，他們往往離成功只有一步之遙卻停住了腳步。面對失敗與困難，他們氣餒了、放棄了，功虧一簣、功敗垂成，這多麼令人痛心與惋惜呀。山重水盡疑無路，但是這位可敬的青年，他仍是堅定執著地往下繼續走，終於迎來了柳暗花明又一村。

石頭是很硬的，水是很柔軟的，然而柔軟的水卻穿透了堅硬的石頭，這其中的原因無他，唯有堅持而已。

有個年輕人去微軟應聘，但公司並沒有刊登過招聘廣告。所以總經理疑惑不解，他就問這個年輕人原因，年輕人用不太嫻熟的英語解釋說自己是碰巧路過這裡，就貿然進來了。

總經理感覺很新鮮，破例讓他一試。面試的結果出人意料，年輕人表現糟糕。他對總經理的解釋是事先沒有準備，總經理以為他不過是找個託辭下臺階，就隨口應道：「等你準備好了再來試吧。」

一週後，年輕人再次走進微軟的大門，這次他依然沒有成功。但比起第一次，他的表現要好得多。而總經理給他的回答仍然同上次一樣：「等你準備好了再來試。」就這樣，這個青年花了好幾個月，先後5次踏進微軟的大門，最終他被錄用了，他的夢想成真了。

常常的，我們會在黑暗中摸索，有時更是需要很長時間才能找尋到通往光明的道路。以勇敢者的氣魄，堅定而自信地對自己說一聲「再試一次！」再試一次，你就有可能達到成功的彼岸！

韓國足球隊為什麼能衝入世界盃前四強，「魔鬼教練」車範根說：「我絕對不會說『這樣足夠了』或『已經沒有辦法了』這樣的話，我要求隊員們努力、努力、再努力，堅持、堅持、再堅持。」

再長的路，一步一步總能走完；再短的路，不去邁開雙腳將永遠無法到達。再多一點努力，多一點堅持，我們會驚奇地發現：空氣裡到處都穿行著絢爛的成功之花。

4・痛苦凝聚著力量，堅持中守住陽光

一個人在社會上立足，適應能力和生存能力是不可缺少的。人生的成長階段，基本上是幾十年。人要學會自己成長，不僅如此，還要承擔起照顧他人的重擔。

每一個人的命運都不相同，人們大可不必將他人以往的經驗作為完全正確的真理來遵守。時代變遷，僅遵循以往的經驗來處理事情，無疑是刻舟求劍。

愛因斯坦的小板凳是自己做的，他一共做了三個。當他把第三個交給老師的時候，老師有點嘲諷地說，沒有比這更難看的小板凳了。聽到這話，愛因斯坦立即從課桌下面拿出了兩個小板凳，很嚴肅地對老師說，交給您的那個小板凳至少比這兩個要強許多。

愛因斯坦從小就自己動手做些東西，這對他後來取得成功有很大的幫助。

生活中，我們在年輕的時候意氣風發，屢屢去嘗試各種事情，希望能夠獲得成功，但是後來發現很多事情都無法想像，最後屢屢失敗。經過幾次失敗以後，很多人就開始抱怨這個世界不公平，同時也開始懷疑自己的能力，最後，只有一再地降低成功的標準，才能讓自己活得心安理得。

我們之中的許多人往往因為害怕失敗，就不去追求成功，而甘願忍受失敗者的生活。很多人不敢去追求成功，不是追求不到成功，而是因為他們的心裡也默認：對自己而言，成功是不可能的。正是基於這樣的理念，他們放棄了堅持。

司馬光不僅是個十分聰明的人，而且也懂得堅持，懂得勤奮。說他勤奮，有很多故事可以說明，其中「警枕」最典型。《資治通鑑》是司馬光付出了畢生的艱辛和努力換來的，據說當時初稿就堆滿了兩間屋子。

雖然他工作很辛苦，但從來都沒有放鬆對自己的要求。因為他擔心自己會睡過頭，耽誤寫作，特地讓人給他做了個圓木枕頭，只要他一翻身，枕頭就會滾動，自己就能驚醒。正是靠這種分秒必爭的方法，歷經了19年，司馬光終於完成了巨著——《資治通鑑》。

只有真正做到堅持，才能夠幾十年如一日地做出不平凡的成績來。

加盟ＮＢＡ的六年來，羅斯一直沒沒無聞，他在步行者的前二年日子一點都不好過，他得不到教練布朗的賞識，時常被晾在候補席上。「記得曾有一個賽季，連續14場沒讓我上陣，而當時我身上根本沒傷。」說起那段痛苦的經歷，羅斯至今感到心寒，但他認為這讓他學會了很多，尤其是讓他學會了忍耐，使他更加明白什麼是值得去珍惜的。

直到伯德執掌步行者之後，才給羅斯帶來了轉機。羅斯在密歇根大學打球時，伯德曾看過他打球，當時就覺得他很有潛力。所以伯德到步行者對羅斯說的第一句話就是：「我相信你有天賦，我會重用你。」

伯德的話，給了羅斯極大的信心，他勤學苦練，技巧很快地得到了提高，並很快被列入首發陣容，後來羅斯成為步行者的中流砥柱。

在一次總決賽的比賽中，羅斯更是表現不俗。在前5場總決賽中，他發揮正常，平均每場得分達到了22分。尤其是在第5場比賽中羅斯更是獨領風騷，一人攬下了32分，成為步行者的得分王。

「羅斯一直是我最欣賞的隊員之一，」伯德在賽後如此讚揚他，「他的成功，歸功於他的努力。」

不要急於表現自己不完善的能力，不要苦於找不到賞識自己的伯樂。如果我們想讓自己有一個燦爛的明天，那就應該在工作中、學習中學會觀察，學會磨煉，只有在這種考驗中，我們的能力才能得到提高，我們的水準才能得到發揮。如果我們已經對自己的業務有了一個全面的了解，已經對它的運作有了十足的把握，那我們離成功的日子也就不遠了。

在我們還不成熟的時候，在我們感到自己的知識還比較欠缺的時候，不妨把抱怨先收起來，努力積蓄自己的能量，等到機會到來的時候，我們就能讓自己在發揮才能的過程中閃出耀眼的光彩。

美國著名心理學家瓦爾特·蜜雪兒曾在一群小學生身上做過一個有趣的實驗。他給每個孩子發一塊軟糖，然後告訴他們說他有事要離開一會兒。他希望孩子們都不要吃掉那塊軟糖，他允諾說：「假如你們能將這些軟糖留到我辦完事情回來，我會再獎勵給你們兩塊軟糖。」然後他出去了。

寂寞的孩子們守著那塊誘人的軟糖等啊等，終於有人熬不住了，吃掉了那塊軟糖。接著，又有人做了同樣的事……20分鐘後，蜜雪兒回來了。他履行諾言，獎勵沒有吃掉糖的孩子每人兩塊糖。多年以後，他發現，那些不能等待的孩子大多一事無成，而日後創出一番業績的全都是當年那些願意等待的孩子。

無論我們現在是一個沒沒無聞的小職員，還是一個不甘於繼續當下環境的「三分鐘」工作者，如果想真正改變自己，真正讓自己在工作上有突出的表現，那我們就必須學會暫時的忍耐，忍耐環境對我們的磨煉，對我們的考驗。既然選擇了，就不要輕易放棄，否則我們將永遠一事無成。

5・不放棄就有機會，沙漠盡頭是綠洲

江燦騰，一位苦學出身的工人博士，一九四六年出生在桃園大溪，是當地富裕望族之後。他的父親在聽信算命師的一句話——活不過35歲——的宿命下，短短幾年內，荒唐地敗光家產，以享受人生。不過，老天可沒讓他如願，過了35歲，江燦騰的父親仍舊活得好好的，不知是老天的玩笑，還是算命師的信口瞎說？

江家自此陷入困境，江燦騰也因此而輟學，從此開始了打零工貼補家計的日子，他做過粗工、水泥小工、店員、工友等，他受盡人生冷暖。他的心並不甘於當一名小工人，在當兵及退伍後考入飛利浦公司的過程中，他自學通過國中、高中的同等學歷，並於32歲考上師大歷史系夜間部，自此踏上學術研究之路，於54歲時拿到台大史學博士。

從工人到博士，江燦騰在家變、失學、童工剝削、失戀、癌症折磨等磨難中，找到了生命的理性信念，在生與死之間堅定了奮進人生的價值。

鄭豐喜先生所撰寫的《汪洋中的一條船》，可以說是他一生的故事與回顧。而這本書也曾經拍成電影和電視劇，且都曾產生熱烈的反響。此書自二十世紀60年代中期出版以來，便廣受重視，其影響力至今還很大，在二十世紀70年代和80年代甚至被認為是最具影響力的書籍之一。對曾經讀過此書的讀者而言，至今念念不忘；而對未曾讀過此書的人而言，無疑是一本勵志且能夠發人深省的好書。

這本書讓我們想起海明威的名著——《老人與海》，兩者有異曲同工之妙，相同的是人和環境鬥爭到底的精神；不同的是《老人與海》只是虛構的小說，但是，此書卻是活生生的經歷，動人心弦。

《老人與海》中的老人，發現他所釣到的魚，竟然比船還大的時候，他對自己說：「不管魚是多麼大，一定要殺死牠……我要和牠戰鬥，我到死都要和牠戰鬥！」在最痛苦和最疲乏的時候，老人說：「人不是為失敗而生的！」

人生的可貴不在於一帆風順，全無障礙，而在於不怕任何失敗、挫折和艱險，繼續勇往直前，始終不輟。我們在此書中看到了作者的殘而不廢、刻苦自立的生活，也真正看到了，人是為成功、為理想、為勝利而生的。

這本書能讓我們感動，讓我們熱淚盈眶，這不僅是代表同情而已，還蘊藏著好多好多的欽佩、感動與安慰。因為作者為了生存，為了克服殘缺，他並沒有去當乞丐，去爭取他人的同情和施捨；相反，他卻靠自己的力量生存下去，做苦工、做買賣來賺取學費，純粹是自力更生。他憑著他的雙手、信心、毅力，迎向一切挑戰。

反觀現今的社會，許多人因為一時的不順遂，便開始怨天尤人或選擇輕生。看看這些人，他們四肢健全，境遇也並沒有比作者更慘，何以遇到不平順的人生遭遇就屈服了？人生有不順遂的時候，應該把失敗當成是一種成長的機會，並努力耕耘期待下一次成功的到來，如此人生才會有希望，也才會過得越來越好。想一想，那些天生有所缺陷的人，能一點都不氣餒地揮撒著人生的彩筆，也能夠勇敢地迎向自己人生的逆境，憑什麼，一般正常的人卻做不到呢？

兩隻青蛙在覓食中，不小心掉進了路邊一隻牛奶罐裡。牛奶罐裡還有為數不多的牛奶，但是足以讓青蛙們體驗到什麼叫滅頂之災。

一隻青蛙想：「完了，完了，全完了。這麼高的牛奶罐啊，我是永遠也出不去了。」於是，牠很快就沉了下去。

另一隻青蛙在看見同伴沉沒於牛奶中時，並沒有一味放任自己沮喪、放棄，而是不斷告誡自己：「上天給了我堅強的意志和發達的肌肉，我一定能夠跳出去。」牠每時每刻都在鼓起勇氣，鼓足力量，一次又一次奮起、跳躍——生命的力量與美展現在每一次的搏擊與奮鬥裡。

不知過了多久，牠突然發現腳下的牛奶變得堅實起來。原來，經由不停地跳動，已經把波狀的牛奶變成了一塊乳酪！不懈的奮鬥和掙扎終於換來了自由的那一刻。牠從牛奶罐裡輕盈地跳了出來，重新回到綠色的池塘裡。而那一隻沉沒的青蛙就那樣留在了那塊乳酪裡，牠做夢都沒有想到會有機會逃離險境。

「鍥而不舍，金石可鏤，鍥而舍之，朽木難雕。」金石比朽木的硬度高多了，不要因為它硬，我們就放棄雕刻，那樣等待我們的永遠只是失望。但只要鍥而不舍地鏤刻它，天長日久，也是可以雕出精美的藝術品來的。

成功不也是這樣嗎？只要我們努力地追求，「精誠所至，金石為開。」成功，往往在失敗之後再堅持一下的努力之中。

人們經常在做了90%的工作後，放棄了最後讓他們成功的10%。這不但輸掉了開始的投資，更喪失了經由最後的努力而發現寶藏的喜悅。

凡事沒有不可能。事情發生與否並不完全取決於我們的主觀判斷，我們認為不可能的事情往往會變為可能。每種事情都有發生的可能，我們千萬不要給自己設限。

伍迪・艾倫，奧斯卡最佳編劇、最佳製片人、最佳導演、最佳男演員金像獎獲得者，而這位老兄在大學裡英語竟不及格。

馬爾科姆・福布斯，世界最大的商業出版物之一，《福布斯雜誌》的主編，大學時也沒能當上普林斯頓大學校刊編輯。

利昂・尤利斯，作家、學者、哲學家，曾三次沒有通過中學的英文考試。

利文・尤里曼，兩次被提名為奧斯卡金像獎最佳女演員的候選人，當年報考戲劇學院時，卻沒通過，因為主考官認為她沒有表演才能。

理查・L・馬尼博士，神經放射學專家，在醫學院一年級時，神經解剖學成績不及格……

年輕的伊內蒂・比薩剛從按摩學校畢業後想在加利福尼亞州美麗的蒙特雷地區見習接診。當地的按摩機構告知該地按摩師為數眾多，但卻沒有那麼多的病人。於是在四個月中，比薩每天用10個小時挨家挨戶地毛遂自薦，上門服務。他總共敲響了12500扇門，和6500個人交談並邀請他們到他未來的診所就醫。作為對他的毅力和誠摯的回報，在接診的第一個月，他就醫治了233名病人，並創下了當月收入72000美元的記錄。

大名鼎鼎的可口可樂公司，開張的第一年，僅售出了400瓶可口可樂。

超級球星邁克爾・喬丹曾被所在的中學籃球隊除名。

賽拉・霍茲沃斯10歲時雙目失明，但她卻成為世界著名的登山運動員。

瑞弗・詹森，十項全能的冠軍，有一隻腳先天畸形。

賽烏斯博士的處女作《想想我在桑樹街看到的》被27個出版商拒絕。但他沒有放棄，終於，第二十八家出版社——文戈出版社看中了該書的潛在市場價值，很快出版並獲得了六百萬冊的銷量。

《心靈雞湯》在海爾斯傳播公司受理出版之前曾遭33家出版社的拒絕。全紐約主要的出版商都說：「書確實好得很。」「但沒有人愛讀這麼短的小故事。」然而現在《心靈雞湯》系列在世界範圍內售出了一千七百萬冊，並被翻譯成20種文字。

一九三五年，《紐約先驅論壇報》發表的一篇書評把喬治・格斯文的經典之作《鮑蓋與貝思》評論為「地道的激情的垃圾」。

一九〇二年《亞特蘭蒂克月刊》詩歌版編輯退還了一位28歲詩人的作品，退稿上寫：「我們的雜誌容不下你如此熱情洋溢的詩篇。」那個28歲的詩人叫羅伯特・普羅斯特。

一八八九年羅迪亞德・開普林收到了聖佛朗西斯科考試中心的如下拒絕信：「很遺憾，開普林先生，但你確實不懂得如何使用英語這種語言。」

當艾利斯・赫利還是一個尚未成名的文學青年時，在四年中他每週都能收到一封退稿信。後來艾利斯幾欲停止寫作《根》這部著作，並自暴自棄。

如此經過了九年，他感到自己壯志難酬，於是準備跳海，了此一生。當他站在船尾，看著波浪滔滔，正欲跳海，忽然他聽到所有的祖先都在呼喚：「你要做你該做的，因為現在他們都在天國凝視著你，切勿放棄！選你能勝任的，我們期盼著你！」在以後的幾週裡，《根》的最後部分終於完成了。

約翰・班揚因其宗教觀點而被關進了貝德福監獄。在那裡他寫出了《心路歷程》；雷利爵士在身陷囹圄的13年中寫出了《世界的歷史》；馬丁・路德被羈押在瓦爾特堡時譯出了《聖經》。

湯瑪斯・卡萊爾的《法蘭西革命》一書的手稿，被朋友的僕人不慎當成了引火之物，然而卡萊爾只是平靜地又從頭寫出一部《法蘭西革命》。

一九六二年，4名少女夢想開始專業歌手的生涯。她們先是在教堂中演唱並舉辦小型音樂會，後來錄製了一張唱片，但未獲成功。接著又錄製一張唱片，但銷路極差。第3張、第4張、第5張直至第9張唱片都未能走紅。一九六四年，她們因《偵探克拉克的表演》，而小有名聲，但這張唱片也是訂貨寥寥，收支僅僅持平。那年年底，她們錄製了《我們的愛要去何方》，結果榮登金曲排行榜榜首。戴安娜．羅絲及其「超級者」組合開始贏得人們的認可，引起樂壇轟動，聲名鵲起。

溫斯頓．邱吉爾被牛津和劍橋大學以其文科太差而拒之門外。

美國著名畫家詹姆斯．惠斯勒曾因化學不及格而被西點軍校開除。

一九〇五年，艾爾伯特．愛因斯坦的博士論文在波恩大學未獲通過。原因是論文離題而且充滿奇思怪想。

困難重重，幸而，這些人並沒被挫折、失敗嚇倒，也沒有聽從別人好意但卻消極的勸告。相反的，他們重新考慮那些權威們下的結論，並否定了這些結論，所以，他們是偉人，歷史也記錄下了他們的名字。

6．積蓄戰鬥的力量，成功路上無捷徑

尤爾加在底特律生活了一段時間以後搬到了新奧爾良。他在底特律時只是一個鉛管匠，努力了好多年，也沒有發展起自己的事業，原因是缺乏資金。

剛搬到新奧爾良的時候，他帶著老婆、三個孩子和120元，那是他全部的家當和資產。搬來後的第一天，他找了八家鉛管公司，可是沒有人願意雇傭他，那些人只是告訴他人手已經夠了。

無奈，第二天他跳上了一輛公共汽車，走過了一條長長的、繁忙的大街。那條街上有幾家速食店，他記下了視窗上張貼徵聘店員廣告的店名。走到路盡頭時，他跳上了另一輛返回家的車，一路上去了四家速食店，可是都沒有找到工作。

最後，第五家的經理總算對他有點興趣。他向那個經理保證，他工作勤奮，而且做人誠實。那個經理告訴他，薪水相當低。但他告訴經理待遇不成問題，他會為顧客提供一流的服務。

他的工作一直做得很努力，結果在六個星期之內他成了那家速食店的營業部經理。在那期間，他結識了不少顧客，根據他們的要求，他改善了服務品質，提高了工作效率。九個月後，這家速食店的老闆把他叫到了辦公室。原來這個老闆除了經營餐飲業之外，還有別的投資項目，尤其是在房地產方面也搞得不錯。這個老闆看他的能力很強，也很敬業，就想派他去一座有90戶的大廈當助理經理。

他當時就愣住了，然後告訴這個老闆，他只當過鉛管匠，對管理大廈一無所知。但老闆笑著對他說：「我查過你在速食店的記錄，利潤增加了83％。管理大廈與管理速食店的道理是一樣的——樂於助人、推行計畫和委派。我想你一定能讓大廈保持客滿，準時收到房租，而且保養良好。」

結果他接受了那份工作——工資是他在速食店時的三倍，還有一間漂亮的公寓。兩年後，他已經升為了高級經理，不久以後，他就有了足夠的錢來開創他自己的事業——創辦一家大規模的鉛管企業。

尤爾加選擇了一份很少人願意去做的工作，但他最終卻成就了自己的事業。所以從哪裡開始並不重要，重要的是我們知道自己是要到哪裡去。即使我們選擇了最不起眼的工作，如果我們能讓自己的目標明確起來，那我們就能在平凡的崗位上為不平凡的事業做好充分的準備，就能為自己的事業打下堅實的基礎，就可能實現自己的夢想，成為一個成功的人。

不如意的事情過去了，好的時機必然來臨。因此，凡是成大事的人，無不等待時機的來臨。既不焦慮，也不慌張，靜靜地處理眼前的工作。偉人等待時機的心情，恰似等待春天的櫻樹。然而，消極地等待，無異於企求僥倖。櫻樹雖然靜靜地等候春天，卻無時不在養精蓄銳。沒有儲蓄潛力，時機縱使到了，也仍然一無所成。

被魯迅譽為「史家之絕唱，無韻之離騷」的《史記》，其作者司馬遷，享譽千古的文學大師，可是他是在什麼情況下取得這麼大的成就呢？漢武帝為了一時的不快閹割了堂堂的大丈夫，那是多麼大的恥辱啊，而且這給他帶來的身心傷害是多麼的巨大！我們這些正常活著的人是無法想像的。

從此，他只能在四處不通風的炎熱潮濕的小屋裡生活，不能見風，不能再無畏地欣賞太陽花草，換一個人，簡直就活不下去了。司馬遷也曾想過死，對於當時的他來說，死是最容易的解脫方法了。可是他還有夢呀，他的夢想就是寫一部歷史的典籍，把過去的事記下來，傳諸後世，別讓歷史把一切都淹沒了。

為了這個夢，他堅持了下來，堅持著忍受了身體的痛苦，堅持著忍受了別人歧視的目光，堅持著在嚴酷的政治迫害下活著，發憤繼續撰寫《史記》，並且終於完成了這部光輝著作。

他靠的是什麼？還不是靠堅持而已，要是他在遭受了腐刑以後，喪失了一切鬥志，不堅持寫《史記》，那麼我們現在就看不到這本巨著，吸收不了他的思想精華，所以他的成功，他的勝利，最主要的還是靠堅持。而相比來說，他的著作帶給我們的震撼倒是其次的了，他的堅持精神所激勵、鼓舞我們的更多。

外國名作家傑克·倫敦，他的成功也是建立在堅持之上的。就像他筆下的人物「馬丁·伊登」一樣，堅持堅持再堅持，他抓住自己的一切時間，堅持把好的字句抄在紙片上，有的插在鏡子縫裡，有的別在曬衣繩上，有的放在衣袋裡，以便隨時記誦。最後他成功了，他的作品被翻譯成多國文字，我們的書店中他的作品放在顯眼的位置，赫然在目。當然，他所付出的代價也比其他人多好幾倍，甚至幾十倍。成功是他堅持的結果。

第3章

積極行動，贏得人生賽場

人生就是一個競賽場，每個人都想成為競賽的贏家。贏得人生，並不是靠想像，要靠實實在在的行動，只有把自己的想法付諸行動，才有成功的可能性。要想成功，從現在開始就積極行動起來吧，只要你堅持自己的夢想，將它付諸實踐，就能收穫成功……

1．哪裡跌倒，哪裡爬起

不失敗是成功之母，每個人在實現夢想的路上都會經歷失敗，失敗並不可怕，可怕的是在失敗之後沒有再爬起來的決心。在哪裡跌倒就在哪裡爬起，沿著原來的方向繼續往前走，總有到達目的地的一天。

哪裡跌倒，哪裡爬起來，說起來似乎沒有什麼困難的，但是真正做到的人卻很少。因為讓自己接受失敗，再次樹立起被打擊的自信心的確是件困難的事情，但是如果你想成功，你就必須具備在哪裡跌倒還能在哪裡爬起這樣的勇氣，因為在成功的路上，摔倒是再正常不過的事情。

那已是他在一年裡失去的第六份工作，他擁有英語六級證書，第一家公司卻認為他口語不過關；他是電腦二級程式師，第二家公司卻嫌他打字速度太慢；第三家他與部門經理不和，他主動炒了老闆；接連的，第四家，第五家……他暗淡地說：「一次次全是失敗，讓我浪費了一年的時間。」

朋友一直耐心地聆聽，此刻說：「講個笑話給你聽吧。一個探險家出發去北極，最後卻到了南極，人們問他為什麼，探險家答：因為我帶的是指南針，我找不到北。人們說：怎麼可能呢，南極的對面不就是北極嗎？轉個身就可以了。」朋友反問：「那麼失敗的對面，不就是成功嗎？跌倒了不怕，只要你勇敢地爬起來，總會有成功的一天。」

一瞬間，他覺得自己又有了自信，他又開始了自己的求職之路，終於功夫不負有心人，他找到了一家很適合他的公司，他在那裡發展得很好。

這個故事告訴我們，失敗是成功路上必不可少的伴侶，如果你沒有勇氣在失敗了之後爬起來，就永遠沒有出頭的一天，當你把失敗當成是一種考驗，在哪裡跌倒就在哪裡爬起來，才是追求成功的人應該具備的。

大部分人在一生中都不會一帆風順，難免會遭受挫折和不幸。但是成功者和失敗者非常重要的一個區別就是，失敗者是摔了個大跤以後，就害怕再摔，所以就沒有勇氣爬起來；而成功者則會爬起來繼續往前走，因為他們懂得哪怕多走一步，也是距離成功更近了。一個暫時失利的人，如果繼續努力，打算贏回來，那麼他今天的失利，就不是真正失敗。相反的，如果他失去了再次戰鬥的勇氣，那就是真的輸了！

美國百貨大王梅西也是一個很好的例子。他於一八八二年出生於波士頓，年輕時出過海，以後開了一間小雜貨鋪，賣些針線，鋪子很快就倒閉了。一年後他另開了一家小雜貨鋪，仍以失敗告終。

在淘金熱席捲美國時，梅西在加利福尼亞開了個小飯館，本以為供應淘金客膳食是穩賺不賠的買賣，豈料多數淘金者一無所獲，什麼也買不起，這樣一來，小鋪又倒閉了。

回到麻塞諸塞州之後，梅西滿懷信心地幹起了布匹服裝生意，可是這一回他不只是倒閉，而簡直是徹底破產，賠了個精光。不死心的梅西，又跑到新英格蘭做布匹服裝生意。這一回他時來運轉了，他買賣做得很靈活，甚至把生意做到了街上商店。頭一天開張時帳面上才收入十一塊八分美元，而現在位於曼哈頓中心地區的梅西公司，已經成為世界上最大的百貨商店之一。

梅西沒有因為自己的幾次失敗就沒有信心去做買賣了，相反，他一直在努力嘗試做買賣，失敗了再來，跌倒了再爬起來，即使破產了，也沒有動搖他的決心，最終他成功了，成了美國的百貨大王。

2．信念風帆，高高揚起

信念是支撐一個人一輩子的力量，那些有所成就的人，都有堅定的信念，無論是順境還是逆境，他們都不曾忘卻自己所堅持的信念。信念在逆境中能夠讓人產生極強的求生欲望，支撐自己活下去，並最終有所成就。

曾經，有一位生來就是駝背的波斯王子，在他12歲生日那天，父王答應送他一件他希望得到的禮物。出乎意料的是，王子要一件自己的雕像，而那雕像必須有一個完美的軀體，挺直而美好。雕像做好後，就放在宮廷的花園裡，每天早晨起床後和晚上睡覺前，他都要跑到自己的雕像前佇立一會兒，並且自己對自己說：「這就是你，王子！這即是你長大後的樣子，挺拔的身軀，英俊的面龐。」

就這樣，石雕的相貌成為他的夢想和信念。晚上躺在床上，他把身子伸得更直些；白天走路時，他也努力將胸膛挺得更高些。日復一日，年復一年，王子堅持著自己的信念，等到他長大成人後，人們驚奇地發現，那個駝背的少年成了一個英俊挺拔的青年。

波斯王子認定了自己就像雕塑的形象那樣完美，所以他讓自己朝著那個方向努力，常年的努力，讓他最終克服了自己的缺陷，成為了一個英俊挺拔的青年。

有一對母女，母親在女兒兩歲多時患了癌症，醫生說她最多能活幾個月。更不幸的事情又接踵而來，她的丈夫是跑運輸的個體司機，在一次雨天運貨時車翻人亡。災難似乎決心要摧毀這個家庭，但這位母親卻為了女兒堅持住了。

事故處理後，她用所有的積蓄開了一間小百貨店，發誓要讓女兒健康成長。她一次次接受手術和化療，每次醫生都說：「可能只有幾個月時間了。」但她不甘心，她對自己說：「我必須活著，活到女兒大學畢業。」她的病最終沒能治癒，但她卻因為一個堅強的信念而將死亡推後了整整20年。她是在看到女兒大學畢業走上工作崗位兩星期後去世的。很多人，包括為她治療的醫生們，都深為這位母親因愛而生的信念、力量而感動不已。

信念是一個力大無比的巨人，它可以創造出令人難以置信的奇蹟。每個人在自己的一生中，都會遇到困難和挫折，但只要有堅定的信念，你的生命就會煥發出燦爛的光芒。將信念風帆高高揚起，你一定可以航行得更遠。

3．自己的路，堅定地走

有些人往往喜歡走捷徑，走不通就會快速換一條路，結果換來換去，也許幾十年都沒有走完一條路，也未做完一件事。忙忙碌碌走完了一生。愚公是英雄，他和他的兒孫們搬走了一座山；貝多芬也是英雄，他堅信耳聾也能聽到美妙的音樂。他們都是選定了自己的路，堅定地走下去，沒有因為遇到困難就想換另外一條道路。

美國著名電臺廣播員莎莉・拉菲爾在她30年職業生涯中，曾經被辭退18次，可是她每次都放眼最高處，確立更遠大的目標，仍然堅持走自己選擇的路。最初由於美國大部分的無線電臺認為女性不能吸引觀眾，沒有一家電臺願意雇用她。她好不容易在紐約的一家電臺謀求到一份差事，不久又遭辭退，說她跟不上時代。

莎莉並沒有因此而灰心喪氣。她總結了失敗的教訓之後，又向國家廣播公司電臺推銷她的清談節目構想。電臺勉強答應了，但提出要她先在政論性節目主持。「我對政治所知不多，恐怕很難成功。」她也一度猶豫，但堅定的信念促使她大膽去嘗試。她對廣播早已輕車熟路了，於是她利用自己的長處和平易近人的作風，大談即將到來的7月4日國慶日對她自己有何種意義，還請觀眾打電話來暢談他們的感受。聽眾立刻對這個節目產生興趣，她也因此而一舉成名了。

如今，莎莉·拉菲爾已經成為自辦電視節目的主持人，曾兩度獲得重要的主持人獎項。她說：「我被人辭退18次，本來會被這些厄運嚇退，做不成我想做的事情。結果相反，我讓它們鞭策我勇往直前。」

她是一個堅持走自己的路的人，她沒有因為被辭退18次就懷疑自己的選擇，反而更加激發了她證明自己的勇氣。在經過了那些失敗之後，她有機會開始嘗試，進而做到最好，成了聞名的節目主持人。

選擇一條路很容易，但是要堅持在這條路上走到最後，就不是一件容易的事，如果你向目的地邁出了999步，卻沒有堅持著邁出最後一步，那麼你依然是失敗的，目的地只有一個，再近的點也不是終點，那些在距離終點很近的地方而停下了腳步的人是多麼可悲啊！

堅定地走自己的路，就要耐得住寂寞，耐得住打擊，是一種在任何情況下都不放棄的態度，是一股不達目的絕不甘休的韌勁。想要炫出自己的精彩人生，就要有這種態度，就要有這股韌勁。

4．丟了什麼，別丟激情

美國偉大的哲學家愛默生說：「不傾注激情，休想成就豐功偉績。」

激情是工作的靈魂，是一種能把全身的每一個細胞都調動起來的力量，是不斷鞭策和激勵我們向前奮進的動力。在所有取得偉大成就的過程中，激情是最具有活力的因素，可使我們不懼現實中的重重困難。每一項發明，每一個工作業績，無不是激情創造出來的，激情是工作的靈魂，甚至就是工作本身。

著名人壽保險推銷員弗蘭克．貝特格，當年在剛轉入職業棒球界不久，就遭到了有生以來最大的打擊——他被開除了。

理由是他打球無精打采。老闆對他說：「弗蘭克，離開這兒後，無論你去哪兒，都要振作起來，工作中要有生氣和熱情。」

他把老闆的忠告牢記在心，當他進入紐黑文隊時，就下定決心在這次聯賽中一定要成為最有激情的球員。

從此以後，他在球場上就像一個充足了電的勇士。擲球是如此之快、如此有力，以至於幾乎要震落內場接球同伴的手套。在烈日炎炎下，為了贏得至關重要的一分，他在球場上奔來跑去，完全忘了這樣會很容易中暑。

第二天早晨的報紙這樣寫道：「這個新手充滿了激情並感染了我們的小夥子們。他們不但贏得了比賽，而且看來情緒比任何時候都好。」那家報紙還給他起了個綽號叫「銳氣」，稱他是隊裡的「靈魂」。三個星期以前還被人罵作「懶惰的傢伙」，可現在的綽號竟然是「銳氣」。

隨之而來的是，他的月薪從25美元漲到185美元。他認為並不是球技出眾或是有很強的能力，因為在投入熱情打球以前，他對棒球所知甚少。所以他認為是激情讓自己的工資暴漲了那麼多。

退出職業棒球隊之後，弗蘭克・貝特格去做人壽保險推銷工作。在10個月令人沮喪的推銷之後，卡耐基對他提出了忠告：「貝特格，你毫無生氣的言談怎麼能使大家感興趣呢？」

所以他決定以加入棒球隊的激情，投入到推銷員的工作中來。有一天，他進了一個店鋪，鼓起全部熱情試圖說服店鋪的主人買保險。店主大概從未遇到過如此熱情的推銷員，只見他挺直了身子，睜大眼睛，一直聽貝特格把話說完，最終他沒有拒絕推銷，買了一份保險。從那天開始，貝特格真正地展開推銷工作了。在12年的推銷生涯中，他目睹了許多的推銷員靠激情成倍地增加收入，同樣也目睹更多人由於缺少激情而一事無成。

弗蘭克・貝特格的成就除了自己的才能之外，更大的原因來自於他的激情。他的激情感染了別人，讓自己走出了沮喪，給自己帶來了輝煌的人生。一個沒有熱情投入工作的人是很難得到別人的肯定的，試想誰會希望一個整天看起來無精打采的人做搭檔呢？誰又會被一個毫無熱情的人說服去購買他的東西呢？

一個人如果僅僅是為了工作而工作，那麼，他做起事來就會馬馬虎虎，甚至會闖大禍，只有那些充滿激情的人才把自己所從事的事當成是一種挑戰，自己在這個過程中不是煎熬，而是一種享受。

激情是一個人的能力得到最大限度發揮的催化劑，它能夠敦促你不斷向前，不知疲倦，而且在困難面前，激情能夠幫你恢復鬥志。任何時候，都要讓自己保持一份激情，這對於自己的人生，對於自己的事業都是有很大好處的。

激情讓你時刻保持一顆年輕向上的心，激情讓你鬥志昂揚，激情讓你有更好的人際關係，激情讓你更容易得到別人的肯定，激情煥發的你更容易成為一個群體中的焦點。所以，什麼時候都不能丟掉激情。

5．專注堅持，方能成功

我們經常在訴說自己的理想多麼遠大，經常羨慕某個成功人士的輝煌人生，但是我們可曾想過究竟怎樣才能實現自己的理想？成功的人究竟是怎樣獲得成功的呢？如果我們仔細思考，我們會為這兩個問題找到同樣的答案：唯有專注和堅持，才能實現自己的理想，而成功人士沒有一個不是專注與堅持的典範。

堅持才能成功，有很多事情不是一朝一夕就能完成的，甚至在進行的過程中還要遇到各種困難，阻礙你前進的腳步。這時候最需要的就是專注與堅持，只有這種力量才能讓你一步一步朝前走，越來越接近終點。

西華・萊德先生是個著名的作家兼戰地記者，他曾在一九五七年4月的《讀者文摘》上撰文表示他所收到的最好忠告是「堅持走完下一里路」，下面是其文章中的一段：

「第二次世界大戰期間，我跟幾個人不得不從一架破損的運輸機上跳傘逃生，結果迫降在緬印交界處的樹林裡。當時唯一能做的就是拖著沉重的步伐往印度走，全程長達140英里，必須在8月的酷熱和季風所帶來的暴雨侵襲下，翻山越嶺長途跋涉。才走了一個小時，我一隻長筒靴的鞋釘紮了另一隻腳，傍晚時雙腳都起泡出血，範圍像硬幣那般大小。我能一瘸一拐地走完140英里嗎？別人的情況也差不多，甚至更糟糕。他們能不能走呢？我們以為完蛋了，但是又不能不走。為了在晚上找個地方休息我們別無選擇，只好硬著頭皮走完下一英里路……

「當我推掉其他工作，開始寫一本25萬字的書時，心一直定不下，我差點放棄一直引以為榮的教授尊嚴。也就是說幾乎不想幹了，最後我強迫自己只去想下一個段落怎麼寫，而非下一頁，當然更不是下一章。整整六個月的時間，除了一段一段不停地寫以外什麼事情也沒做，結果居然寫成了。幾年以前，我接了一件每天寫一個廣播劇本的差事，到目前為止一共寫了二千個。如果當時簽一張「寫二千個劇本」合同，我一定會被這個龐大的數目嚇倒，甚至把它推掉，好在只是寫一個劇本接著又寫一個，就這樣日積月累真的寫出這麼多了。」

「堅持走完下一里路」的原則不僅對西華·萊德很有用，當然對你也很有用。專注並堅持做下去是實現任何目標唯一的聰明做法。最好的健身方法說是「一天又一天」堅持下去。我有許多朋友用這種方法堅持自己的健身計畫，成功的比例比別的方法高。很多人總是一次次給自己制訂詳細的健身計畫，但是一旦開始做的時候，就覺得很難堅持，能夠成功的唯一方法就是每天堅持著跑一會兒，時間久了就會習慣這種方式，這樣就能最終實現自己的健身目標。

英國作家約翰・克萊斯，可以說是全世界數一數二的多產作家，他一共出過564部小說，如果你以一年出10本來算，他花了將近五、六十年時間在寫小說。出了那麼多書，你可能會以為他是百戰百勝的作家，那你就錯了，他曾經被退稿達753次！試問你承受得住753次的沮喪嗎？這個過程是一種怎樣的煎熬？但是他堅持下來了，所以他最終獲得了成功。

專注與堅持的人更加容易成功，專注更能激發人的潛能，堅持能夠創造奇蹟。如果你現在還在自己的各種天花亂墜的想法中左右搖擺，那麼，現在就停止吧！把自己最想做又最適合你的事情當成現階段的目標，然後就專注於它，堅持著去實現它。

愛迪生這個童年被老師認為愚鈍的人，可他創造出一千餘項發明，不折不扣是個發明大王，你可知道他失敗了多少次，他失敗了三千次。所以作為大師的他會如此說：九十九分的努力，一分的天才。愛迪生就是在一次次失敗中堅持自己的理想，最終成為了世界著名的發明家。

作為平凡的人，我們也有自己的夢想，但是有多少人堅持了自己的夢想呢？如果你對自己的夢想很執著，非常想實現它，那麼，就專注於自己的夢想吧，堅持走下去，即使遇到挫折與失敗，也不要放棄，要知道專注與堅持是實現夢想最好的方法！

6・挖掘潛能，爆發實力

人的潛能是無限的，但是被挖掘出來的卻很少，很大一部分原因是人們習慣了自己的現狀，懶得去改變。但是當有外界的刺激不得不作出改變的時候，潛能就被爆發出來了。

一位名叫史蒂文的美國人，他因一次意外導致雙腿無法行走，已經依靠輪椅生活了20年。他覺得自己的人生沒有了意義，喝酒成了他忘記愁悶和打發時間的最好方式。有一天，他從酒館出來，照常坐輪椅回家，卻碰上三個劫匪要搶他的錢包。他拼命吶喊、拼命反抗，被逼急了的劫匪竟然放火燒他的輪椅。輪椅很快燃燒起來，求生的欲望讓史蒂文忘記了自己的雙腿不能行走，他立即從輪椅上站起來，一口氣跑了一條街。

事後，史蒂文說：「如果當時我不逃，就必然被燒傷，甚至被燒死。我忘了一切，一躍而起，拼命逃走。當我終於停下腳步後，才發現自己竟然會走了。」現在，史蒂文已經找到了一份工作，他身體健康，與正常人一樣行走，並到處旅遊。

史蒂文殘疾了20年，竟然因為一次意外而奇蹟般地恢復了，這說明了什麼？人的潛力到底有多大，誰也說不清楚，甚至自己也看不清，所以我們習慣了自己現在的樣子，不想作出什麼改變，也沒有想過要去做些看起來自己做不到，但是經過努力卻能做到的事情。當我們的生命受到威脅時，求生的欲望戰勝了一切，所以竟能在瞬間爆發如此大的能量，不能不說是一個奇蹟。

著名作家柯林・威爾森曾用富有激情的筆調寫道：「在我們的潛意識中，在靠近日常生活意識的表層的地方，有一種『過剩能量儲藏箱』，存放著準備使用的能量，就好像存放在銀行裡個人帳戶中的錢一樣，在我們需要使用的時候，就可以派上用場。」

如果我們在平常的日子裡也能試著去挖掘自己的潛力，是不是可以比現在的自己在很多方面做得更好呢？懂得挖掘自己潛力的方法也是很重要的。

我們每個人都要學會積極歸因。當自己取得進步時，可以歸功於自己的努力，這樣會激發自己繼續挑戰自己的欲望；也可以把自己取得的進步看成是自己實力的體現，這樣你會對自己以後的努力更有信心，因為你相信自己的實力。當自己遇到挫折時，可以把它當成一種考驗，用積極的心態去應對，可以從不同的角度去思考解決問題的辦法。也許在不經意間就能找到問題的解決辦法，這樣不僅能增強自己的信心，更能挖掘出自己的潛力。

習慣往往是人們拒絕去挖掘自己潛力的一個重要因素。它就像一個能量調節器，好習慣自發地使我們的潛能指引思維和行為朝成功的方向前進，壞習慣則反之。好習慣會激發成功所必需的潛能，壞習慣則在腐蝕有助於我們成功的潛能寶庫。

7．敢想敢做，炫出精彩

勇於嘗試，那麼在某件事上栽跟頭可能是預料之中的事；但是，從來沒有聽說過，任何坐著不動的人會被絆倒——查理斯・F・凱特林。

敢想敢做，可能注定要經受一些挫折，但是那些沒有勇氣去將自己所想的付諸行動的人，永遠都體會不到行動的樂趣。即使是挫折也是自己的一筆寶貴財富。所以要想成功，就要敢想更要敢把自己所想的付諸行動。

有這樣的一個男孩，他的父親是位馬術師，他從小就必須跟著父親東奔西跑，一個馬廄接著一個馬廄，一個農場接著一個農場地去訓練馬匹。由於經常四處奔波，男孩的求學過程並不順利。

初中時，有次老師叫全班同學寫作文，題目是長大後的志願。那晚他寫了7張紙，描述他的偉大志願，那就是想擁有一座屬於自己的牧馬農場，並且他仔細畫了一張200畝農場的計畫圖，上面標有馬廄、跑道等的位置，然後在這一大片農場中央，還要建造一棟占地400平方英尺的巨宅。

他花了好大心血把作文完成，第二天交給了老師。兩天後他拿回了，第一面上打了一個又紅又大的問號，旁邊還寫了一行字：「下課後來見我。」腦中充滿幻想的他下課後帶了報告去找老師：「為什麼給我不及格？」

老師回答道：「你年紀輕輕，不要老做白日夢。你沒錢，沒有家庭背景，什麼都沒有。蓋農場可是個花錢的大工程，你要花錢買地、花錢買純種馬匹、花錢照顧牠們。」他接著說：「如果你肯重寫一個比較不離譜的志願，我會重打你的分數。」

這男孩回家後反覆思量了好幾次，然後徵求父親的意見。父親告訴他：「兒子，這是非常重要的決定，你必須自己拿定主意。」再三考慮幾天後，他決定把原稿交回，一個字都不改，他告訴老師：「即使拿個大紅字，我也不願放棄夢想。」

20多年後，這位老師帶領他的30個學生來到那個曾被他指責的男孩的農場露營一星期。離開之前，他對如今已是農場主的男孩說：「說來有些慚愧。你讀初中時，我曾潑過你冷水。這些年來，也對不少學生說過相同的話。幸虧你有這個毅力堅持自己的目標。」

這個男孩是一個敢想敢做的人，他沒有因為得不到老師的肯定就放棄自己的理想，相反，這更刺激了他實現自己這個理想的動力，他通過自己努力，向老師證明了自己當初的理想並不是白日夢。

成功人士大都有三個共同的特點：一是敢想，二是敢做，三是做到底。敢想並不是毫無根據的亂想，而是要有自己明確的目標，這件事情，必須是你真的希望實現的；敢做不是違法亂紀，不擇手段，而是一種執著的態度，不達目的絕不甘休的韌勁，做到底的人往往也不需要有太高的天賦，只要你願意，就能夠成為那個做到底的人。

溫州商人王均瑤是中國私人包機第一人。他的成功就是由自己當初的大膽想法開始的。一九九一年春節前夕，當時還是溫州金城實業公司駐長沙辦事處主任的王均瑤，趕回家過年，因為買不到火車票，就與幾位同鄉包了一輛大巴回家。去溫州的山路不好走，汽車在漫長的山路中顛簸前行，把一夥人累得夠嗆。

王均瑤隨口感歎了一句：「汽車真慢！」旁邊的一位老鄉挖苦說：「飛機快，你包飛機回家好了。」說者無心，聽者有意，別人嘴裡的一句譏諷，卻是王均瑤的當頭棒喝。這位愛思索的年輕人開始反問自己，「土地可以承包，汽車可以承包，為什麼飛機就不能承包？」小小的打工仔王均瑤決定大幹一番。

在人們的質疑聲中，王均瑤義無反顧地踏上了「包機」的道路。他獨自一人籌畫了很長一段時間，而後又進行了長達八、九個月的走訪、市場調查和跟有關部門的溝通。首先，他說服了湖南省民航局：溫州——長沙的航班客源充足。他調查到至少有一萬左右的溫州人在長沙做生意，並且溫商不僅把時間看作金錢，還把精力消耗列作一項經營成本。

另外，為了消除民航局對於經營風險的擔心，王鈞瑤採用了「先付錢、後開飛」的合作模式，「我先把幾十萬元錢押給你們，等於每次先付錢，後開飛，這樣你們就『旱澇保收』了」。這句話打動了民航局的心。

在跑了無數個部門、蓋了無數個圖章後，溫州——長沙的包機航線終於開通了。一九九一年7月28日，對王均瑤來說是個值得紀念的日子。隨著一架「安24」型民航客機從長沙起飛平穩降落於溫州機場，中國民航的歷史被一個打工仔改寫了。一時間，中國及美國、新加坡、日本等國的新聞媒體競相報導，稱此舉是中國民航擴大開放邁出的可喜一步。

「那是我生命中最重要的一天。我的個人形象、人生道路都改變了！如果說人生是個大舞臺，那一天，作為一名演員，我面試合格，被允許登上舞臺。」王均瑤這樣評價他在生意場的首次重要演出。

他的想法被當時的人看成是白日夢，但是敢想的他並沒有讓自己的理想止於想像，而是積極地去把自己的想法變成實際行動，所以憑藉自己敢想敢幹的韌勁他成功了，成為人們關注的焦點人物。

人生的轉變不是靠別人帶給我們機遇，而是自己要善於想，更要善於把自己所想的化為實際行動，只有這樣，你才能有更多的機會去改變自己的人生。

8．尋求幫助，合作出金

有一位叫做羅伯特．克里斯多夫的美國人，他想用80美金周遊世界，並堅信自己能夠實現。於是，羅伯特找出一張紙，寫下他80美金周遊世界的準備工作：

設法領取到一份可以上船當海員的文件；

去警察局申請無犯罪記錄的證明；

取得美國青年協會的會員資格；

考取一個國際駕照，找來一份國際地圖；

與一家大公司簽訂合同，為之提供所經過國家和地區的土壤樣品；

同一家航空公司簽訂協定，可免費搭機，但要拍攝照片為公司做宣傳；

……

當羅伯特完成上述的準備後，年僅26歲的他就在口袋裡裝好80美元，開始自己的全球旅行。以下是他旅行的一些經歷——

在加拿大巴芬島的一個小鎮用早餐，不付分文，條件是為廚師拍照；

在愛爾蘭，用4.8美元買了4箱香煙，從巴黎到維也納，費用是送給船長1箱香煙；

從維也納到瑞士，列車穿山越嶺，只需要4包香煙；

給伊拉克運輸公司的經理和職員攝影，結果免費到達伊朗的德黑蘭；

在泰國，由於提供給酒店老闆某一地區的資料，受到酒店貴賓式的待遇；

……

最終，通過羅伯特的努力，他實現了80美金周遊世界的夢想。用80美元周遊世界，這是一件怎樣不可思議的事情？但是羅伯特做到了，而且完成得很輕鬆。

在整個過程中，他做得最多的就是尋求別人的幫助，讓別人來幫助他實現自己的願望，所以他用80美金實現了周遊世界的夢想，這就是一種成功者的心態。

還記得那個寓言故事嗎？天堂和地獄的區別在哪裡？同樣的鍋裡盛著同樣的湯，同樣是很長很長的湯匙，地獄裡的人就是自己顧自己，即使湯匙長得無法伸到自己的嘴裡，他們還是那樣做，所以地獄裡的人都是愁眉苦臉的表情。而天堂則是另一種情景，他們互相幫忙，一個人餵另外一個人，所以每個人都能嘗到湯的味道，所以天堂中的人都是一副幸福的表情。這就是合作帶來的天大差別。只有通過互相幫助，才能收穫更多。

約伯斯和沃滋原來都是技術人員，當他們決定自己開公司後，首要的問題是籌措資金。這時，風險企業家開始光顧這兩位年輕人了。來光顧的第一位是唐・瓦倫丁，他是約伯斯和沃滋的老闆介紹過來的。瓦倫丁來到約伯斯家後，看到約伯斯穿著牛仔褲，鬆著鞋帶，留著披肩長髮，蓄著一臉大鬍子，怎麼看都不像是一位創業者的樣子。瓦倫丁先生覺得不妥，終於未敢問津，而把約伯斯和沃滋介紹給了另外一位企業家——英代爾公司的前市場部經理馬克庫拉。這是一位精明練達的風險企業家，對微型電腦業務十分精通。這位38歲的富翁來到約伯斯的車庫裡，仔細詢問並實地考察了「蘋果」的樣機，提了一大堆問題。最後問起了關於「蘋果」電腦的商業計畫。約伯斯和沃滋對買賣一竅不通，兩人當時面面相覷，說不出一句話來。可是馬克庫拉獨具慧眼，看出了這兩個小夥子是不會讓他失望的，於是他告訴約伯和沃滋，一個詳細的計畫是吸引風險資本所必需的。

此後，馬克庫拉給他們倆上了兩星期的管理課，他們三個人日夜工作，制訂了一項「蘋果」電腦的研製生產計畫。馬克庫拉首先將自己的9萬美元先期投入，又幫助約伯斯和沃滋從銀行取得了25萬美元的信貸。接著，他們三個人又帶著計畫去馬克庫拉熟識的風險投資家那兒去遊說，吸引了另外60萬美元的資金。至此，蘋果公司吸引了接近100萬美元的風險資本。他們聘請了33歲的邁克爾・斯科特當經理，因為他熟悉積體電路生產技術。馬克庫拉、約伯斯任正副董事長，沃滋任研究發展部副經理，蘋果微型電腦公司就這樣正式開張，走上了它飛速發展的道路。

約伯斯和沃滋，以及商人唐・瓦倫丁，再到後來的馬克庫拉，他們沒有讓自己來完成所有的事情，因為一個人的精力是有限的，必須要通過彼此合作，互相分擔才能完成大事。他們是這樣做的，有人負責技術，有人負責資金，有人負責管理，這樣的明確分工，讓他們少走了很多彎路，最終獲得了成功。他們不僅給自己帶來巨大的財富，更為人類的進步作出了巨大貢獻。

現代社會已經是一個走向合作的時代，一個人的力量能夠完成的事已經越來越少了，很多事情都是需要通過別人的幫助，大家共同合作才能完成。所以，那種「凡事自己來」的想法在這個時代已經行不通了，只有通過合作才能實現利益最大化。

第4章

擺正位置，不再重蹈覆轍

人在通往成功的路上往往會遭受失敗，沒有人可以例外。失敗之後怎樣才能讓自己不再重蹈覆轍呢？這是比悲觀失望更應該引起我們重視的事情。既然失敗，肯定是自己在某一方面做得不夠好，我們應該做的事情，就是要反省自己，克服自己的缺點，擺正自己的位置，重新上路，不再重蹈覆轍。

1・驕傲自大，成功大忌

勝不驕，敗不餒；驕兵必敗。這些成語都告訴我們不要驕傲自大，驕傲自大是成功的大忌。驕傲自大，會讓人看不清自己，覺得世界上最了不起的人就是我，這樣的人肯定是要吃大虧的，甚至會付出生命的代價。一個寓言故事，可以帶給我們深深的思考。

一個富人有一匹高大的馬。他讓人給這匹駿馬套上一副金質的籠頭，安上一隻昂貴的裝飾華麗的鞍子，並披上了一條上面織有金線的絲毯。這馬眼睜睜地看著主人將牠打扮得如此漂亮，不由得心花怒放，盛氣凌人起來。

一天，這匹馬被緊緊地拴著，他使勁掙脫了籠頭，然後嘶鳴著從那裡衝了出去。這時候有一頭驢子朝他迎面走來，他背上正馱著沉甸甸的口袋，兩條腿一步一步慢騰騰地往前邁。馬咀嚼著，滿嘴冒著白沫，一邊從很遠的地方就開始叫道：「讓開！是誰教你如此沒禮貌的，居然看到一匹像我這樣的馬還不趕快讓路？滾開，不然的話我揍你，把你揍死了，還要把你從這兒拖開！」

驢子怕得要命，連忙讓開了一條路，不敢吭聲。

馬橫衝直撞地跑了過去，從灌木叢間飛快地穿行而過。可是在衝過灌木叢時，他的蹄冠受傷了。馬從此以後再也不能當坐騎了，主人把他身上的金籠頭和漂亮的鞍子取了下來，賣給了一個車夫。從這天起，他必須從早到晚拉車。

不久，驢子看見他在拉車，便說道：「你好，朋友！你這是怎麼搞的？你那副金籠頭，那條金絲毯都哪兒去了？我怎麼沒看見它們？原來如此，親愛的朋友，世界上這種情況是常有的：驕傲自大必將要受到懲罰。」

馬在失去了強壯的體魄之後，被主人賣掉，往日的傲氣不再，不禁讓人感歎早知如此何必當初呢？所以我們應該從這些故事中汲取教訓，不要驕傲自大。

當自己處於人生的高峰時，千萬不要看不起別人，對別人頤指氣使，今天你可能是春風得意，明天你或許也會陷入人生的低谷。所以任何時候，都要保持一份平常心，不要驕傲自大。

2．粗心大意，致命硬傷

粗心大意可能是我們最常犯的錯誤，也是我們最容易被原諒的錯誤，我們可能因為粗心大意，把一道題目做錯了，丟了10分，下次考試可以補回來；我們可能因為粗心大意把重要的文件落在了計程車上，下次保證不會犯這樣的錯了……

我們對自己的粗心總是習以為常，不認為這是不可原諒的錯誤，但是你想過嗎？很多事情是沒有可以重來的機會的，考試考砸了可以等下次機會，但是你的機密檔案如果被對手拿到了，這樣的事情還有迴旋的餘地嗎？人生有多少事情是可以重來的呢？

在一次語文課上，老師讓同學們做一份課外知識方面的卷子，同學們看到卷子頓時呆住了，心想：「完了，這些題目，聽都沒聽說過，唉，只能做到哪裡算哪裡了。」

老師在測驗之前，曾提醒他們：一、細心，把每個字都看清楚。二、閱讀一遍題目，按要求做。三、時間5分鐘。

「啊，才5分鐘，就連世界上做卷子最快的人也做不完呀！」同學們你看我，我看你，誰也不知道老師葫蘆裡賣的是什麼藥。算了，老師說什麼，快點做才是最要緊的。同學們心急如焚地做著題目，生怕時間像小火車那樣快速地溜走。很多同學每次都寫錯字，擦了改，改了擦。弄得手忙腳亂……

「時間到！」老師一聲令下，很多同學無奈地停下了手，看其他同學。老師讓全部做完的人舉手，沒有人舉手，已經做完一半的舉手，有些人舉了起來，做了五六道的舉手，大多數人舉起手來了，最後老師讓只做了一兩題的同學舉起手來，卻只有幾個人。

老師說：「同學們，我一再讓你們看清題目要求再做，結果最終細心的同學只有這麼幾個，你們的粗心大意，以致讓你們手忙腳亂，但是最後的結果，還是費力不討好。」

老師的一席話讓大家如夢初醒，原來，在試題的最後一行寫著：如果你已經閱讀完了題目，請只做第1、第2題。同學們也都很慚愧地低下了頭。

這次只是一個簡單的測試，但是人生中沒有這麼多測試的機會，很多事情做了就沒有迴旋的餘地，絕不能讓粗心大意斷送了自己的成功。

一位名校畢業生，在面試時，表現得非常出色，無論是現場操作Photoshop，還是為虛擬的產品做口頭推介，他都完成得不錯。而且還即興表演了一段小品，贏得面試負責人的稱讚。當他結束面試走出辦公室時，一位負責的小姐對他說：「你是今天面試者中最出色的一個。」但是最終他卻沒有被錄用，他感到非常詫異，就去找該公司的人力資源經理。

那位經理說：「因為在遞交簡歷的時候，我發現你的簡歷上有一大片水漬，而且上面還有鑰匙等東西的劃痕，雖然你向我解釋簡歷之所以傷痕累累的原因是時間太急，來不及再製作新的簡歷。但是我還是不會錄用一個連自己的簡歷都保管不好的人，雖然這是一個粗心大意犯的錯，但是，這正反映了一個人的素質。一個粗心大意的人，是管理不好一個部門的。」

這位大學生，雖然有足夠的專業素質，但是卻沒有克服自己粗心大意的缺點，讓自己的這個缺點在負責人面前暴露無遺，也許在你看來這只是一件小事，不用這麼較真，但是社會就是這麼較真的，從你無意中表現出來的素質才最能反映你真實的情況，所以，千萬不要讓自己粗心大意的毛病給你的未來蒙上陰影。

從現在就開始行動吧！不要再為自己的粗心大意找藉口了，今天也許你可以為自己粗心找到藉口逃脫了批評，但是你總有一天會為自己的粗心大意付出沉重的代價。

3．投機取巧，害人害己

投機取巧，已經成了現代社會很流行的一股歪風，很多人總想不勞而獲，或者自己根本不是什麼厲害角色，卻非要自吹自擂，最終為了達到自己的目的，只有投機取巧，結果是害人害己。投機取巧是最可恥的行為，假如沒有能力做好某件事情，只是能力的問題，但是，如果為了滿足自己的虛榮心投機取巧，那就是人品問題，這樣的人，不可能得到別人的尊重，這樣的人只會讓人看不起。

李明明和丁娟兩個人在一家公司工作，平時關係相處得很不錯。年終，公司搞推廣策劃評比，每個人都可以拿方案，優勝者有獎。李明明覺得這是一個好機會。經過半個月的深入調研，加上平時對市場工作的觀察思考，他很快作出了一個非常出色的策劃案。

方案徵集截止日的最後一天，丁娟突然歎了一口氣說：「哎，明明，我還真有點緊張，心裡沒底啊。你幫我看看方案，提提意見。」李明明連想都沒想就答應了。丁娟的策劃很是一般，沒有什麼創意，李明明看完沒好意思說什麼。丁娟用探究的目光盯著李明明，說：「讓我也看看你的方案吧。」李明明心裡一陣懊悔，可自己剛才看了人家的，現在沒有理由不讓別人看。好在明天就要開大會了，她想改也來不及了。

第二天開會，丁娟因為資歷老，按次序先發言，丁娟講述的方案跟李明明的方案一模一樣，在講解時，她對老闆說：「很遺憾，我現在只能講述自己的口頭方案，電腦染了病毒，檔被毀了，我會儘快整理出書面資料。」

李明明聽了目瞪口呆，她沒想到丁娟搶自己的功勞，他不敢把自己的方案交上去，也不敢申訴，她資歷淺，怕老闆不相信自己。只好傷心地離開了這家公司。丁娟的方案獲得老闆的認可，因為方案不是她自己的，有些細節不清楚，在執行方案時出一點漏洞，又無法及時修正，結果失敗。後來老闆得知她搶了別人的方案，就無情地炒了她魷魚。

丁娟的行為是可恥的，利用別人對自己的信任盜用了別人的創意，雖然她得到了一時的滿足，但是隨著時間的推移，她並不能為自己的設計自圓其說，最後被查明了真相，所以被公司辭退，這樣的人誰還敢信任她呢？投機取巧可以逞一時之快，但絕不是長久之法。我們都知道若要人不知，除非己莫為。就算自己掩飾得再好，真相總有暴露的一天。

我們看一個人，不能只看其華麗的外表，不能被他印在名片上的一長串的職稱所糊弄。我們應該更加看重他的人格。一個有高尚品格的人絕不會做投機取巧的事情，更不會犧牲他人的利益滿足自己的虛榮心。

我們真正應該做的不是想著怎樣投機取巧，佔用他人的勞動成果，而是應該學習別人的長處，彌補自己的不足，提高自己的能力，真正創造出屬於自己的功勞。

4・心浮氣躁，怎能成功

在我們的心靈深處，總有一種力量使我們茫然不安，讓我們無法寧靜，這種力量叫浮躁。浮躁就是心浮氣躁，是成功、幸福和快樂最大的敵人。從某種意義上講，浮躁不僅是人生最大的敵人，而且還是各種心理疾病的根源，它的表現形式呈現多樣性，已滲透到我們的日常生活和工作中。可以這樣說，我們的一生是同浮躁鬥爭的一生。

在浮躁的心態下，做什麼事情總是淺嘗輒止，看書一掠而過，做事這山望著那山高，總是希望魚與熊掌兼得。但是事實上，這種浮躁的心情對你的成功沒有任何幫助，反而成了你的絆腳石。因為浮躁，你把應該冷靜思考問題的時間放在自尋煩惱、患得患失上，怎麼去完成自己的目標？

三伏天，禪院的草地枯黃了一大片。「快撒些草籽吧，好難看啊。」徒弟說。

「等天涼了，」師傅揮揮手，「隨時。」

中秋，師傅買了一大包草籽，叫徒弟去播種。秋風突起，草籽飄舞，「不好，許多草籽被吹飛了。」小和尚喊。

「沒關係，吹去者多半中空，落下來也不會發芽，」師傅說，「隨性。」

撒完草籽，幾隻小鳥即來啄食，小和尚又急。

「沒關係，草籽本來就多準備了，吃不完，」師傅繼續翻著經書，「隨遇。」

半夜一場大雨，弟子衝進禪房：「這下完了，草籽被沖走了。」

「沖到哪兒，就在哪兒發芽，」師傅正在打坐，眼皮抬都沒抬，「隨緣。」

半個多月過去了，光禿禿的禪院長出青苗，一些未播種之院角也泛出綠意，弟子高興得直拍手。師傅站在禪房前，點點頭：「隨喜。」

在這個故事中，徒弟的心態是浮躁的，常常為事物的表象所左右，而師傅的平常心看似隨意，其實卻是洞察了世間玄機後的豁然開朗。

浮躁是人生最大的敵人，無論你要獲取幸福快樂，還是要獲取成功，你都必須要拭去心靈深處的浮躁。

要想獲得成功，就要克服心浮氣躁的弱點，克服心浮氣躁還是要注意方法。

首先，要把握比較的度。人都喜歡比較，不願意自己比別人差，當然比較也是有好處的，正所謂「有比較才有鑒別」，比較是人獲得自我認識的重要方式，然而，比較要注意把握度。例如，相比的兩人能力、知識、技能、投入是否一樣，否則就無法去比，從而得出的結論就會是虛假的。如果一個音樂天賦一般的人跟一個鋼琴神童去比較，只能是讓自己對自己失去信心，產生焦躁不安的心理，從而變得越來越浮躁。所以，有比較的對象是好事，但是不能過火，多度的比較容易讓人產生浮躁的心理。。

其次，還要培養自己的務實精神。務實就是「實事求是，不自以為是」的精神。與浮躁相對的就是務實，心浮氣躁的人缺乏的就是腳踏實地做事情的精神，他們往往是眼高手低，如果能夠培養自己的務實精神，可以幫助克服心浮氣躁的缺點。

再次，就是要善於思考。思考問題要從實際出發，不要異想天開，朝三暮四，要根據自己的實際情況去制定自己的目標。

如果我們能夠真正地靜下心來，認真地去學習、工作，我們做的會比現在好很多。只有拭去心靈深處的浮躁，才能找到幸福和快樂，那麼，幸福和快樂在哪裡？幸福和快樂其實就在我們每個人的心裡。只要你願意，你隨時都可以支取。

在很多時候，我們都急需在心中添把火，以燃起某些希望。在很多時候，我們都急需在心中灑點水，以澆滅某些欲望。只要平靜下來，你就能體會到人生的樂趣，而沒有必要在浮躁的世界中去追求那些不切實際的東西。

5．虎頭蛇尾，難成大業

虎頭蛇尾的人，注定難成大業。要知道任何一個目標的實現，都是不斷積累的結果，有些事情甚至會佔用一個人很多的精力，所以能否成功的關鍵就在於你能否有始有終，一如既往地努力。很多人經常會犯的一個錯誤就是做事情總是三分鐘熱度，開始的時候信誓旦旦，熱情高漲，但是沒過幾天就覺得沒意思，就想放棄或者草草了結。這樣的人怎麼能夠成就大業呢？

歷史上有所成就的人做事情都是有始有終的，即使是簡單的事情也不會虎頭蛇尾，這是一種做事態度。一個人在簡單的事情上能夠做到有始有終，在其他的事情上也不會差到哪裡去。要知道一個人的做事態度從小事中能夠得到充分體現。

有一天，一個學生在課堂上問蘇格拉底，怎樣才能成為像蘇格拉底那樣學識淵博的學者。蘇格拉底沒有直接回答，只是說：「今天我們只做一件最簡單也是最容易的事，每個人把胳膊儘量往前甩，然後再儘量往後甩。」蘇格拉底示範了一遍，說：「從今天開始，大家每天做三百下，能做到嗎？」學生們都笑了：這麼簡單的事，有什麼做不到的？

過了一個月，蘇格拉底問學生：「哪些同學堅持了？」

教室裡有90%的學生舉起了手。

一年過後，蘇格拉底再次問學生：「請告訴我，最簡單的甩手動作，有哪幾位同學堅持做到了今天？」

這時整個教室裡只有一個學生舉起了手，這個學生就是後來成為著名哲學家的柏拉圖。

柏拉圖和其他學生的不同之處就是他堅持著完成了老師所說的那個簡單遊戲，沒有虎頭蛇尾，他的這種做事態度，幫助他取得了他人永遠無法取得的成就。

做事虎頭蛇尾的人，往往是因為手頭有很多事情要做，在完成一件事之前又想著去做另一件事，所以就形成了哪件事都做不好的惡性循環。

宋江是位忙碌的經理人，有時也搖搖筆桿。他滿腦子都是好點子，且有一種讓人對他的點子感興趣的能力。宋江是個人人稱羨的傢伙，每個人都覺得他真是蠻有一套的。

但是，幾年之間，宋江的生活好像陷入了一套行為模式——應許太多事情，卻又無法貫徹始終，完成工作。他會答應看員工的報告，並且回答他們的問題；他總是說：「我會開始看，這個禮拜一定完成，然後再送還給你。」但他卻很少做到。

同樣的，他也會答應那些投資人在期限內完成預訂計畫及目標，但也很少做到。還有，他會答應編輯們寫好他們委託的文章，但也沒有如期交稿。他的書桌被淹沒在一大堆未完成的檔案裡，還有無數的電話要回，這些都是他欠下的人情。

宋江變得好消沉，他開始不知道自己要做什麼了。他失去了員工及顧客的尊敬；他的副業寫作，也同樣出了問題；最糟的是，他已經失去了對工作的熱忱。他原本是喜歡創造、發展的，但他發現自己無法做到這些，因為他很少能有始有終。

有一天，宋江突然「頓誤」，他決定將一些鬆動的環節上緊，發誓在舊計畫未完成前絕不再接任何新任務。對他來說，這真是件難事，但他了解要繼續生存就得如此。他找了一些可以信任的員工及同事，告訴他們：「對我嚴厲一點，幫助我上軌道。」

要克服虎頭蛇尾的壞習慣，必須要讓自己專注於手頭上的事情，即使還有很多事情在等著你，也要把當前的事情處理完後再去進行下一件，不要插手多件事。插手太多事，每件事都不能完全投入，這樣的後果就是什麼事都不能做好。

6·目光短淺，患得患失

社會上有各種各樣的人，很多人也都想做事，但具體反映在人身上，能不能最終做成事，卻表現在兩點：一是膽量，敢說敢做，敢不敢冒風險的膽量；二是眼光，就看誰有眼光，或者叫眼光長遠吧，誰更想得長遠，看得長遠，誰就能生活得更好。

從前，有兩個饑餓的人得到了一位長者的恩賜：

一根魚竿和一簍鮮活碩大的魚。

其中，一個人要了一簍魚，另一個人要了一根魚竿，於是他們分道揚鑣了。得到魚的人原地就用乾柴搭起篝火煮起了魚，他狼吞虎嚥，轉瞬間，連魚帶湯就被他吃了個精光，不久，他便餓死在空空的魚簍旁。另一個人則提著魚竿繼續忍饑挨餓，一步步艱難地向海邊走去，可當他已經看到不遠處那片蔚藍色的海洋時，他渾身的最後一點力氣也使完了，他也只能眼巴巴地帶著無盡的遺憾撒手人間。

還有兩個饑餓的人，他們同樣得到了長者恩賜的一根魚竿和一簍魚。只是他們並沒有各奔東西，而是商定共同去找尋大海。他倆每次只煮一條魚，他們經過遙遠的跋涉，來到了海邊，從此，兩人開始了捕魚為生的日子。幾年後，他們蓋起了房子，有了各自的家庭、子女，有了自己建造的漁船，過上了幸福安康的生活。

人跟人的差別，就差別在這個「眼光」的視角上。有的人鼠目寸光，只會死死盯著眼前的利益；有的人海闊天空，放眼看到的，是以後的前程似錦，是外面更大的蛋糕。

目光短淺的人總是對眼前的利益看得太重，抓住眼前的利益就好像抓住了永久的財富，從來不會考慮這些利益沒有之後怎麼辦；而有遠見的人，首先會考慮到怎樣才能讓自己眼前和以後都有所依靠。

看過一幅漫畫，畫的是貓頭鷹將吃掉老鼠，人將殺掉貓頭鷹，而老鼠在沒天敵之後，也將吃掉人們所有的穀物。人一手殺死了貓頭鷹，也一手為自己準備了苦不堪言的「最後的晚餐」——這豈不是一個悲哀！

人們常常為這種出人意料的結果而迷惘不解。「為什麼會事與願違，為什麼會因小失大，得不償失呢？」其實這類問題的答案很簡單，那就是忘了「人無遠慮，必有近憂」的古訓。把眼光放長遠一點，就能解決這樣的困惑。

7．偏激武斷，敗走麥城

固執己見，偏激執拗，意氣用事，乃人生之大敵！

有一位剛畢業的大學生被分配到一所高校工作。一天他請個事假，那個月發工資的時候被扣了50元。他非常憤憤不平，明明有的講師上課遲到，早退都沒事。他只不過請了假就被扣了50元。下一個月發工資的時候要到了，那天他走進了校長的辦公室。他拿一個本子，往桌上一扔說：「校長你看。」

校長拿那本子一翻，上面寫著：

×××，早上三節課後，早退了。

×××，開會後，沒回來。

×××，用辦公室電話接二連三講了一個多小時的電話。

×××，帶一盒粉筆回家（他有替學生在家補習）。

……

校長說：「哦，原來有這事，那我們一定查清楚，給大家一個公道。」

那位小夥子覺得終於出了一口氣。

可是後來，奇怪的事發生了，再也沒人和他講話了，大家都避著他。

一年後他覺得實在過不下去了，調走了。

這個年輕人，做法太偏激，太武斷，就因為計較50塊錢，把自己的人際關係搞得一塌糊塗，最終走的還是自己。性格和情緒上的偏激產生於知識上的貧乏，見識上的孤陋寡聞，社交上的自我封閉。對此，只有對症下藥，豐富自己的知識，增長自己的閱歷，才能克服這種「一葉障目，不見泰山」的偏激心理。

個性就像一蓬長滿刺的荊棘，所有的刺都是刺向自己的，因為你生活在一個社會的大團體，沒有誰會為一個小小的你去改變什麼，你的執拗和偏激就會使你處處碰壁而孤寂，事業上如此，家庭也一樣，不是每個親人都會遷就你的個性，你的執拗也會導致你的眾叛親離，最後你想在現實中生存你必須放棄你的小個性。社會是個團體，它需要群體的一致，家庭也是一樣為了和睦和安寧，你也需要放棄你執拗的個性，以善良美好的心態對待自己的親人，這樣你的生活會處處充滿陽光，人人都會愛你……

8．嫉賢妒能，毀掉一生

人們喜歡比較，總是希望自己是最好的，不允許有人比自己更加有才。有這樣的想法雖然是無可厚非的，但是，一定要注意把握一個度，尤其是當自己處於一個大環境中時，更不要因為有人比自己的能力強，比自己優秀就嫉妒他，就處處為難他，想將其排擠出去。

這樣的想法是很危險的，從小處說是暴露了自己的無能，從大處講這樣的爭鬥會使整個集體遭受損失。嫉妒別人的才能，詆毀別人的成就，恰恰暴露了自己的自私無能。但是從古至今總是不乏那種嫉賢妒能的人，最終是毀了自己的一生。

周瑜嫉妒諸葛亮的才能，曾發出了「既生瑜，何生亮」的感慨，他幾次三番地想要整諸葛亮，但是每次都是以失敗告終。周瑜看到足智多謀的諸葛亮處處高自己一招，便心懷妒意，甚至想置諸葛亮於死地。他以軍中缺箭為名，生出一計，讓諸葛亮十天造出十萬支箭，由此看來，周瑜不僅嫉妒心強，而且又十分狡猾陰險。然而，獨具慧眼的諸葛亮卻滿口答應下來，趁著大霧漫天，用草船從曹營「借」了十萬支箭，提前七天順利完成了任務，使周瑜的陰謀又一次破產，從而進一步揭露了周瑜嫉賢妒能，心胸狹窄的本性。

周瑜也是因為自己嫉賢妒能把自己送上了絕路。本來是要戲耍諸葛亮，卻被諸葛亮識破，最終害了自己。周瑜自己本身是很有才能的，有勇有謀，本來他可以好好發揮自己的才能有一番作為，但是他把時間都浪費在把諸葛亮比下去，讓諸葛亮出醜這樣的事情上，最終的結果是自己毀了自己的一生。

在一個團隊中，領導會不會用人，是這個團隊能否有所作為的一個很重要的因素，如果領導嫉賢妒能，任人唯親，那麼這個集體不會走得太遠，肯定要為自己的錯誤付出代價。

有一年火箭隊在多次失利之後，所有的人都把矛頭指向了范甘迪。他的一意孤行，他的任人唯親，成為了他的七宗罪之一。賽季之初，火箭的球員梯隊曾經被廣泛看好，但在季後賽卻成為球隊的命門之一。斯潘諾里斯的速度和力量本可以使他成為德隆·威廉姆斯的最好對手，諾瓦克的三分球能力已經在NCAA中被證明，但范甘迪對新秀和歐洲球員的不屑，使他們失去了發展的空間。如果「刺兒頭」威爾斯的被廢黜可以理解，但是既了解爵士又具有破壞力的斯奈德在季後賽中被白白擱置，則純粹是范甘迪自廢武功；而且與多名大將無用武之地恰恰相反，和范甘迪有故交之人幾年來常能在休斯頓獲得一席之地，拿到范甘迪從老闆亞歷山大兜裡掏出來的工資，從奧克利、威瑟斯龐、沃德，到在任何一支其他NBA球隊也許都無法獲得位置的小盧卡斯。在鹽湖城的第二戰，范甘迪以比賽作賭注，給了小盧卡斯7分鐘上場時間，小盧卡斯報以2次失誤，爵士乘機以一波高潮將勝利鎖定。

范甘迪在用人上的失誤連連，讓所有的人感到不可思議，因為有些人誰都知道是可以用的，但是他沒用；有些人是絕不能用的，但是他卻用了。憑他的資歷，會看不出其中的端倪嗎？但是他還是這樣做了。做是做了，事實是最好的證明，他三次讓火箭隊在第三賽季第一輪被淘汰出局，他也在一片罵聲中下課了。

能夠做到不去嫉妒那些有才能的人，讓適當的人去做適當的事，這是一個領導者應該具備的素質，而不是因為對誰有成見，或者害怕其對自己造成威脅，就違背自己的原則，去排擠他，這樣的後果是害人害己。

每個人都應該學會尋找內心的平衡，人人都有自己的優勢和劣勢，大家只有互相學習取長補短，才能讓自己變得更優秀，而不是相互排擠，相互嫉妒。排擠和嫉妒只能讓自己失去原則，暴露自己的自私無能。把優秀的人當成是一面鏡子，讓自己朝著優秀的方向努力才是明智之舉。

第5章

戰勝自己，就能戰勝所有人

人生是一個不斷戰勝自己從而達到新的目標的過程。人生要想精彩就要無數次戰勝自己。戰勝自己的過程可以使一個人成長起來，戰勝自己的過程可以使一個人發覺自己身上的無限潛能，戰勝自己的過程可以使一個人意識到自己的重要……

1・能擊垮你的只有你自己

有位名人說過：「一個人在比較了自己與別人的力量和弱點之後，如果仍然看不出差別的話，那麼他將很容易被他的敵人打敗。」

穆罕默德・阿里，美國職業拳擊運動員，有「拳王」之稱。一九八一年阿里告別拳壇，一年後，40歲的他被確診患帕金森氏症，並出現了語言和行動上的障礙。

但他永不屈服的精神使他站了起來，並擔當了聯合國和平大使，經常拖著病體前往戰亂與衝突地區，宣導和解，呼籲和平。世人在為這種精神折服的同時，也對是什麼一直支撐著阿里，讓他有了無數的勝利，而後來又會戰勝恐怖的病症感到十分好奇。

其中的答案在阿里的自傳中得到了充分的解釋。

在阿里的人生信條中，一直支撐他取得勝利的是這樣一句話：「我絕不會失敗，除非我確信自己已經失敗了。」

在無數的拳擊比賽中，阿里始終把自己看做是最強大的，只要自己相信自己會勝利，那麼，沒有人會擊敗我。這種信念，在他12歲的時候已經形成。在自傳中有這樣一段——

我在12歲的時候是個愛說大話的人，讓父母感到很頭痛。我穿著「金手套」夾克亂逛，趾高氣揚，說大話。那時是二十世紀50年代，喜歡說大話，當時在肯塔基州路易斯維爾，人們認為年輕黑人不應該是這樣的。

那是在我去摔跤場觀看戈爾熱．喬治（美國職業摔跤運動員，將摔跤與表演相結合，成功取得票房佳績）表演前後。他當時是個大人物，一位白人摔跤手，更多的時間是在摔跤場上進行表演而不是真正的比賽。他著盛裝出場，不斷地拿觀眾打趣。「不要弄亂我漂亮的頭髮，我很可愛。」他一邊說一邊神氣活現地在舞臺上走過來走過去。他披著一件很大的紅色斗篷，黃色的頭髮被吹得高高的。「不要弄亂我漂亮的頭髮，」他反覆地嚷著，觀眾則發出一陣陣噓聲。我當時注意到摔跤場裡座無虛席。觀眾噓得越厲害，他賣出去的票就越多。

我回家後更加趾高氣揚，更加自吹自擂，更加愛說大話了。我可憐的父母感到更加不安了。我在對假想的對手練習拳擊的時候總愛說：「我將成為最出色的拳擊手。」直到現在，我自己的公司就叫G.O.A.L.公司，意思是「最出色的公司」。我在12歲時就知道我將成為最出色的拳擊手。

在我的每一場業餘拳擊比賽中，我總是機動防守，猛擊對方並最後獲勝。我拍著胸脯，吹噓自己多麼出色，我一直都知道，我比戈爾熱・喬治可愛得多。我還知道，我能比那個摔跤手賣出更多的票。

我並不孤獨，很多同學都參加學校拳擊訓練，我們總是談論誰將成為下屆拳擊冠軍。有一位教師認為我是個說大話的人。她看不起我們，好像很討厭我們這些自信心十足的拳擊手。她根本不相信我們的潛力。我一直認為她是那種沒有頭腦的人。有一天我們正在走廊裡比劃著拳擊姿勢，她走過來，眼睛直盯著我說：「你永遠不會有出息的。」

17歲的時候，我在路易斯維爾戴上了金手套。第二年，我在一九六〇年羅馬奧運會上奪得金牌。我成為了全世界最出色的拳擊手！回家後我做的第一件事情是走進那位教師上課的教室。我問她：「還記得你說我永遠不會有出息的話嗎？」

她看著我，一副吃驚的樣子。

「我是世界上最出色的拳擊手。」我一邊說一邊抓著繫金牌的綢帶在她面前晃動。說完就把金牌放進口袋，然後頭也不回地走出那間教室。那個懷疑我潛力的教師使我發誓要成為最出色的拳擊手。我在12歲時就知道我會成為最出色的拳擊手。

追憶阿里某些特點，他的生活與言談給我們很多啟示。他並沒有貯藏任何過去的東西——既沒有在他的辦公室裡存留，也沒有在他的記憶裡保存。他對未來無一設想——既沒有考慮他該為別人做些什麼，也沒有打算讓別人為他做些什麼。

他曾經說：「我絕不會失敗，除非我確信自己已經失敗了。我遇見一些強壯粗野的人，可我在他們面前缺少應變的技巧。他們認為他們已經打敗了我。此事公之於眾，發表在雜誌上。我就以這種方式被打敗了，在所有人的眼中失敗了，可能就輸在十幾行不同的報紙消息上。有關我的傳說表明我已負債累累，收支虧空很大，並且因此趕走了我的對手。我的家庭情況可能不太妙。我們這些人都有些病態、醜惡、卑賤，而且名聲不好。我的孩子情況可能會更糟。我看來也在失信於我的朋友和顧客。這就是說，在所有經歷過的對抗中，我一直未能真正武裝起來，以便對付那場特殊的比賽。於是我被歷史擊敗了。可是我知道，一直知道，我決沒有輸給別人，甚至都未曾打過那場比賽。當我的時刻到來之時，我一定會奮起迎戰，並且擊敗對手。」

其實，人生何嘗不是如此呢。我們的一生會出現無數個對手，他們會用各種方式向我們挑戰，但到了最後，失敗的心理往往是從自己心中開始的。

2．戰勝自己就是一種超越

人有了信心，就會產生意志力量。人與人之間，弱者與強者之間，成功與失敗之間最大的差異就在於意志力量的差異。人一旦有了意志的力量，就能戰勝自身的各種弱點。

美國有位叫凱絲・戴萊的女士，她有一副好嗓子，一心想當歌星，遺憾的是她嘴巴太大，還有齙牙。她初次上臺演唱時，努力用上嘴唇掩蓋齙牙，殊不知卻給別人留下滑稽可笑的感覺。有位男聽眾很直率地告訴她：「齙牙不必掩藏，你應該盡情地張開嘴巴，觀眾看到你真實大方的表情，相信一定會喜歡你的。也許你所介意的齙牙，會為你帶來好運呢！」

一個歌唱演員在大庭廣眾之下暴露自己的缺陷，首先是要用理智說服自己，還要有勇氣打敗自己。凱絲・戴萊接受了這位男聽眾的忠告，不再為齙牙而煩惱，她盡情地張開嘴巴，發揮自己的潛能和特長，終於成為美國影視界的大明星。

世界著名的游泳健將弗洛倫絲・查德威克，一次從卡得林那島游向加利福尼亞海灣，在海水中泡了16小時，只剩下一海里時，她看見前面大霧茫茫，潛意識發出了「何時才能游到彼岸」的信號，她頓時渾身困乏，失去了信心。於是她被拉上小艇休息，失去了一次創造紀錄的機會。

事後，弗洛倫絲・查德威克才知道，她已經快要登上成功的彼岸了，阻礙她成功的不是大霧，而是她內心的疑惑。是她自己在大霧擋住視線之後，對創造新的紀錄失去了信心，然後才被大霧所俘虜。

過了兩個多月，弗洛倫絲・查德威克又一次重游加利福尼亞海灣，游到最後，她不停地對自己說：「離彼岸越來越近了！」潛意識發出了「我這次一定能打破紀錄」的信號，頓時渾身來勁，最後弗洛倫絲・查德威克終於實現了目標。

3．不要輕易地對生活絕望

一支小分隊在一次行軍中，突然遭到敵人的襲擊，混戰中，有兩位戰士衝出了敵人的包圍圈，結果卻發現進入了沙漠。走至半途，水喝完了，受傷的戰士體力不支，需要休息。於是，同伴把槍遞給傷患，再三囑咐：「槍裡還有五顆子彈，我走後，每隔一小時你就對天空鳴放一槍。槍聲會指引我前來與你會合。」說完，同伴滿懷信心找水去了。躺在沙漠中的傷患卻滿腹狐疑：同伴能找到水嗎？能聽到槍聲嗎？會不會丟下自己這個「包袱」獨自離去？

暮色降臨的時候，槍裡只剩下一顆子彈，而同伴還沒有回來。受傷的戰士確信同伴早已離去，自己只能等待死亡。想像中，沙漠裡禿鷹飛來，狠狠地啄瞎了他的眼睛、啄食他的身體……結果，他徹底崩潰了，把最後一顆子彈送進了自己的太陽穴。槍聲響過不久，同伴提著滿壺清水，領著一隊駱駝商旅趕來。然而，他看到的卻是一具尚有餘溫的屍體……

那位戰士衝出了敵人的槍林彈雨，卻死在了自己的槍口下，讓人扼腕歎息之餘不免警醒：不要輕易地對生活絕望，只要我們不放棄希望，不放棄努力，就有獲得重生的機會。

有時，面對困難，我們常常退縮，理由是困難太大；面對競爭，常常逃避，理由是對手太強；面對責任，我們常常推卸，理由是擔子太重；面對坎坷，我們常常……不錯，人生給我們的太多太多，而我們用以逃避的理由也同樣太多太多。我們為什麼不敢正視這一切？是因為我們無法戰勝自己內心的種種怯弱、擔憂、自卑以及恐懼！

人的本性是這樣的，人的本性注定我們的內心有許多的不堅強；自己，往往是最可怕的對手，是最無底的溝，是最看不透的迷霧。為了成功，我們必須戰勝自己，自己是通往成功的最後一道屏障。

讓我們記住這句話：「戰勝自己，我便是強者。」當我們遇到挫折或身處逆境，都應該頑強拼搏，有戰勝困難的自信和勇氣，那樣的人，就是一個強者，一個誰都打不敗的強者。

4・強人善於指揮自己的心

一個人要戰勝自己很不簡單，一般人得意時得意忘形，失意時自暴自棄；人家看得起時覺得自己很成功，落魄時覺得沒有人比他更倒楣。唯有不受成敗得失的左右、不受生死存亡等有形無形的情況所影響，縱然身體受到束縛，卻能讓心靈自由，才算戰勝自己。

人的一生，總是在與自然環境、社會環境、家庭環境作著適應及克服障礙的努力，因此有人形容人生如戰場，勇者勝而懦者敗；從生到死的生命過程中，所遭遇的許多人、事、物，都是戰鬥的物件。其實，自己的信念，往往不受自己的指揮，那才是最頑強的敵人。

莎士比亞曾說：「假使我們自己將自己比做泥土，那就真要成為別人踐踏的東西了。」

其實，別人認為我們是哪一種人並不重要，重要的是我們是否肯定自己；別人如何打敗我們，並不是重點，重點是我們是否在別人打敗我們之前，就先輸給了自己。很多人失敗，通常是輸給自己，而不是輸給別人。因為自己如果不做自己的敵人，世界上就沒有敵人。

自己肯定自己，是一種意志的勝利；

自己征服自己，是一種靈魂深處的提升；

自己控制自己，是一種理智的成功；

自己創造自己，是一種心理境界的昇華；

自己超越自己，是一種人生的成熟。

凡是能夠肯定自己、征服自己、控制自己、創造自己、超越自己的人，就具備了足夠的力量戰勝事業和生活中的一切艱難、一切挫折、一切不幸。

5．應該知道自己怎樣去做

美國《運動畫刊》上登載了一幅漫畫，畫面是一名拳擊手累癱在練習場上，標題為《突然間，你發覺最難擊敗的對手竟是自己》。這個標題實在耐人尋味。

在劍橋有一名學業成績優秀的畢業生，去報考一家大公司，考試結果名落孫山。這位青年得知這一消息後，深感絕望，頓生輕生之念，幸虧搶救及時，自殺未成。當他躺在醫院時卻傳來消息，他的考試成績名列榜首，是統計考分時，電腦出了差錯。他被公司錄用了。但很快又傳來消息，說他被公司解聘了，理由是一個人連如此小小的打擊都承受不起，又怎麼能在今後的崗位上建功立業呢？

這個青年雖然在考分上擊敗了其他對手，可他沒有打敗自己心理上的敵人，他的心理敵人就是懼怕失敗，對自己缺乏信心，遇事自己給自己製造心理上的緊張和壓力。

世上沒有絕對完美理想的人，當然也很少有絕對不可救藥的人，每一個人的性格中都或多或少地存在著上述的矛盾。這些矛盾，在我們遇到一件事情，需要我們採取行動去應付的時候，就往往會同時出現。而當它們同時出現的時候，也就是我們開始彷徨困惑、痛苦不堪的時候。我們怎樣決定，完全看這兩種矛盾的力量哪一方取勝。如果是積極和光明的一邊戰勝，我們就走向成功。如果是消極和黑暗的一邊戰勝，我們就走向失敗。

這理由很明顯。按理說，每一個人都應該知道自己怎樣做，才是正確的決定。但是，很少有人能夠不經交戰而採取正確的行動，甚至交戰的結果，仍是消極與黑暗的一方取勝。

戰勝自己不是一件容易的事，它需要很大的勇氣與堅定的信念。想想看，我們戰勝自己的次數多嗎？是否時常姑息縱容了自己？

一個人，如果他勤奮，那必定是他戰勝了自己的懶惰。懶惰是我們最難克服的一個敵人。許多本來可以做到的事，都因為一次又一次的懶惰拖延，而把成功的機會錯過了。

要知道，我們有時痛苦困擾、猶豫不安，那只是因為我們心情上有兩種相反的力量在相持不下。讓我們明智一點，早作抉擇，我們就覺得生活的面目豁然開朗起來了。

勤奮與懶惰，清醒與執迷，並不是距離遙遠的兩極，而只是薄薄的剃刀的兩面，其間只有一刃之隔。翻過這一刃之隔，便是勤奮與清醒；留在那邊，便是懶惰與執迷。要不要翻過，只在短短的一念之間。

6・完美詮釋戰勝自己的人

這個世界上誰是真正能夠打敗你的人？唯有我們自己。我們奮鬥在人生的旅途中，我們不能輕易服輸，相信只要自己努力就沒有什麼戰勝不了的。然而，太多的時候，面對惡劣的環境，面對天災人禍，面對重重的困難和挫折，是我們在心理上首先否定了自己，因而選擇了放棄，選擇了失敗。

古希臘有一位演說家，起初他由於口吃，常常被對手反駁得無還擊之力，而遭到別人的嘲笑。也許，有很多人會說這是他自己的能力無法達到的，放棄才是明智的選擇，然而，就是這位演說家，每天清晨堅持演說，經過不懈的努力，他成為了當時最為著名的演說家。

由此可見：天生的不足，別人的嘲笑，以及種種的理由，都不是阻礙我們成功的荊棘，唯有自己為了安穩享樂，為了蠅頭小利，為了達到暫時的滿足，而放棄了堅持、奮爭，才會讓我們永遠地無法超越自己。

大家都知道海倫，都知道愛迪生，也知道臥薪嚐膽的故事。古往今來，無數的成功者都是對「戰勝自己」最完美的詮釋。如果我們還在退縮，請快點明白，戰勝自己是如何緊迫；如果我們還在猶豫，請看看那些勝利者是如何一步步走來；如果我們已經在向自己挑戰，那就要堅持，成功最終會敞開胸懷！

使人痛苦的原因很多，或者來自感情生活的挫折或不幸；或者來自理想追求的挫折；或者來自喪失親友的悲痛等。無論由何種原因引起的痛苦，其共同的情緒體驗是陷入情感上的悲哀、矛盾、憂慮而不能自拔。因此，要消除痛苦的情緒，首先必須戰勝自己。

7・有抗爭的能力就有希望

有兩個人同時到醫院去看病，並且分別拍了X光片，其中一個原本就生了大病，得了癌症，另一個只是做例行的健康檢查。

但是由於醫生取錯了照片，結果給了他們相反的診斷，那一位病況不佳的人，聽到身體已恢復，滿心歡喜，經過一段時間的調養，居然真的完全康復了。

而另一位本來沒病的人，經過醫生的宣判，內心起了很大的恐懼，整天焦慮不安，失去了生存的勇氣，意志消沉，抵抗力也跟著減弱，結果還真的生了重病。

看到這則故事，真的是令人哭笑不得，因心理壓力而得重病的人，是該怨醫生、還是怨自己呢？

烏斯蒂諾夫曾經說過：「自認命中注定逃不出心靈監獄的人，會把佈置牢房當做唯一的工作。」

以為自己得了癌症，於是便陷入不治之症的恐慌中，腦子裡考慮更多的是「後事」，哪裡還有心思尋開心，結果被自己打敗。而真的癌症患者卻用樂觀的力量戰勝了疾病，戰勝了自己」。

在不斷的生活鬥爭中，每一個人都會陷入成功與失敗的旋渦中，在不斷掙扎與抗爭中，成功者選擇自己拯救自己，失敗者相信神會眷顧他，當他這個信念與現實不符時，最終他會選擇自我迷茫。

在不斷與生活進行著抗爭時，只有自己能拯救自己，只要有一絲的抗爭勇氣，就有一絲的成功希望。自人類出現以來，我們就不斷地在與大自然進行著鬥爭，與其說是適者生存，還不如說是在這場鬥爭中，勝利的是人類。

在崎嶇的生活之路上，我們需要不斷地與環境鬥爭。其實，敵人就是那樣，關鍵在於你是否已經從心底否定了自己，要是這樣，再舒適的環境也不會造就一個成功者。

實際上，戰勝困難要比打敗自己相對容易，所以有人說：「我」是自己最大的敵人。戰勝自己靠的是信心，人有了信心就會產生力量。

8・任何時候都要充滿激情

人基本上可以分為兩種：樂觀的和悲觀的。平庸的人往往缺乏自信，而自己不相信自己，自己看不起自己的人，對自己的前途一般都會感到悲觀失望。

這些人往往會為自己吃不開尋找一個開脫的理由：「我的運氣不好」、「我沒有一個好爸爸」、「我家住在黃土高坡」。久而久之，甚至對自己也產生了懷疑：「我不太精明」，「我不夠漂亮」，「我不夠好」，「誰都比我強」，「我這輩子可慘了」。自己對自己的蔑視，是成功與失敗的一道分水嶺。

人只要產生了以上這種悲觀失望的情緒，那麼他對生活，對工作就會缺乏興趣和激情，而激情又是催人奮發向上的一種動力。一個人在社會上有沒有作為，首先要看他有沒有激情。

激情興於鬥志。日本人有一個值得我們大家學習的地方，就是每天上班前，對著鏡子整容並自信地大聲說：「我是最棒的！」然後走向崗位，一天的精神受鼓舞。現在很流行的蹦極跳也同樣可以激發人的膽量和氣度，一個人從百丈高的懸崖往下跳的時候，一定可以體驗到死亡逼近的輪迴和生死的極度快感，從中可以感到人生的美好與燦爛。

如果一個人悲觀失望，成天無精打采、心神恍惚，雖然並沒有受到重大打擊，但就是不能進入狀態，難得看到他眉飛色舞的樣子，更別指望他能感染旁人。他總是按部就班，很難出大錯，也絕不會做到最好。這樣的人，能想像他冒風險，頂壓力，克服種種困難，領導一個團隊創業成功嗎？

沒有激情就無法興奮，就不可能全心全意投入工作，不可能創造性地解決工作中的難題，更不可能有創業的力量和勇氣，要成為團隊的領袖，更是妄想。

可以說缺乏激情的人，如果他的生活不景氣，那就是命中注定的。

大部分平庸的人不能說沒有一點激情，但是他的那一點點激情總是消耗在太具體的事情上：上司表揚了，他會激動；商店打折了，他會激動；電視劇裡破鏡重圓了，他的眼淚一串一串往下流。這種激情只是一種短暫流淚的情緒，而不是一種催人奮發上進的動力，要想靠這一丁點激情成就一番事業，有所作為，可以說很不現實。

當我們有困惑的時候並不可怕，怕的是找不到鑰匙而變得心涼；當我們在情感的路上遇到挫折並不可怕，怕的是因此而變得意志消沉；當我們遇到天災人禍時並不可怕，怕的是因此而沉溺；只要我們有激情，只要有信心，再大的困難也過關，因為我們有一顆激情燃燒的心！

9．人人都應該給自己喝彩

有一位美國作家，他是靠著為報社寫稿維持生活的。他給自己定了一個目標，每週必須完成兩萬字。達到了這一目標，就到附近的餐館飽餐一頓作為對自己的獎賞；超過了這一目標，還可以安排自己去海濱度週末，在海灘大聲為自己鼓掌、喝彩。於是，在海濱的沙灘上，常常可以見到他自得其樂的身影。

作家勞倫斯·彼德曾經這樣評價一些著名歌手：為什麼許多名噪一時的歌手，最後以悲劇結束一生？究其原因，就是因為，在舞臺上他們永遠需要觀眾的掌聲來肯定自己，需要別人為自己喝彩。但是由於他們從來不曾聽到過來自自己的掌聲和喝彩聲，所以一旦下臺，進入自己的臥室時，便會備覺淒涼，覺得聽眾把自己拋棄了。他的這一剖析，確實非常深刻，也值得深省。

我們鼓勵所有人給自己鼓掌，為自己喝彩，絕不是叫他自我陶醉，而是為了讓他強化自己的信念和自信心，正確地評估自己的能力。

當我們取得了成就，做出了成績或朝著自己的目標不斷前進的時候，千萬別忘了給自己鼓掌，為自己喝彩。當我們對自己說「你幹得好極了」或「真是一個好主意」時，我們的內心一定會被這種內在的詮釋所激勵。而這種成功途中為自己打氣舉止，確實是很值得我們去細細品味的。

人生本來就需要得到鼓勵和讚揚。許多人做出了成績，往往期待著別人來讚許。其實光靠別人的讚許還是不夠的，何況別人的讚許會受到各種外在條件的制約，難以符合我們的實際情況或滿足我們真正的期盼。如果要克服自卑感，增強自己的自信心和成功信念，那麼就不妨花些時間，恰當地自己為自己喝彩。

一個不信任自己的人，一個悲觀處世的人，一個只是把自己的成果當做僥倖的人，不可能成為吃得開的成功者。生活中，一個成功者善於愛護和不斷地培育自己的自信心，懂得如何「給自己鼓掌」。

10．讓我投降是絕不可能的

清晨，一個士兵正端著槍巡邏，當他轉過城堡的拐角時，迎面撞上一個也端著槍的士兵，從裝束上很容易看出，那正是敵軍的士兵。兩人相距只有不足兩米遠，他們幾乎同時將槍口對準了對方的胸膛。

這麼近的距離，不管誰先開槍，打死對方的同時，自己肯定也會被對方打死，動起手來只能是同歸於盡。要想保住性命，就需有一方投降。

這是一場意志力的對抗。雙方就這樣無聲地對視著。

他們對峙的時間只有十幾秒鍾，但他們都感覺時間是那麼的漫長。

這名士兵咬緊了牙關，腦裡只有一個念頭：

必須有一方投降，但投降的絕不是我！

他看見自己的「敵人」先是呼吸急促，然後是大汗淋漓，接著是雙手失控——槍掉到了地上，最後是腿軟綿綿地跪在了地上，舉起了雙手。

很多時候，我們面對的並不是你死我活的敵人，而是我們自己的妥協。對於我們心中的妥協意念，絕對不能投降。你投降了，妥協就佔據了上風。不認輸，不放棄是一種強烈的獲勝信念。信念是一種巨大的動力，它可以推動我們去做別人認為不可能成功的事情。生命是一艘巨輪，只要我們的信念不沉沒，我們的船就永遠不會沉沒。

幾千年來，人們一直認為要在四分鐘跑完1英里是件不可能的事。但在一九五四年，著名的短跑名將羅傑·班納斯特卻做到了。

他之所以能創造這項佳績，一是得益於體能上的苦練，二是歸功於他精神上的突破。在此之前，他曾在腦海裡多次模擬四分鐘跑完1英里，長久下來便成為一種強烈的信念，因而對神經系統猶如下了一道死命令，必須完成這項使命。

他果然做到了大家認為不可能成功的事。誰也沒有想到，在班納斯特打破紀錄的第二年裡，竟然有近四百人先後也都達到這項記錄。

在對有價值的目標的追求過程中，充滿著各種令人沮喪和感到危險的磨礪。假如我們身陷不測，與強盜歹徒展開生死搏鬥，只有把他打倒，我們才能夠活命。那麼這時我們不可能再去請教拳擊教練、柔道專家，我們唯一能做的就是捨命拼搏，而往往會取得勝利。

第6章

認識自己，活出眞我風采

認識自己，就好像我們多了一雙睿智的眼睛，時時給自己添一點遠見、一點清醒、一點對現實更為透徹的體察與認知。借這份認知，可以少做一點很多日後追悔莫及的事情。經常把「自己」放在嘴裏嚼一嚼，並不比捶胸頓足、以頭搶地多費力氣。

1・認識了自己，才能了解別人

你想了解別人嗎？那麼，先問問自己是否了解自己。

常言道：「知己知彼，百戰不殆。」一個人如果想了解別人，就必須先了解自己，只有當你清楚地了解自己是個什麼樣的人，並能夠正確地對自己做出評價，那麼，我們才能去評價別人。

有一位老師，常常教導他的學生說：人貴有自知之明，做人就要做一個自知的人。唯有自知，方能知人。有個學生在課堂上提問道：「請問老師，您是否知道您自己呢？」

「是呀，我究竟知道自己嗎？」老師心想，「嗯，我回去後一定要好好觀察、思考、了解一下我自己的個性，我自己的心靈。」

這天下課後回到家裡，老師拿來一面鏡子，仔細觀察自己的容貌、表情，然後再來分析自己的個性。

首先，他看到了自己亮閃閃的禿頂。「嗯，不錯，莎士比亞就有個亮閃閃的禿頂。」他想。他看到了自己的鷹鉤鼻。「嗯，英國大偵探福爾摩斯——世界級的推理大師就有一副漂亮的鷹鉤鼻。」他想。

他看到自己具有一副大長臉。「嗨！大文豪蘇軾就有一副大長臉。」他想。

他發現自己個子矮小。「哈哈！拿破崙個子矮小，我也同樣矮小。」他想。

他發現自己具有一雙大撇鱉腳。「呀，卓別林就有一雙大撇鱉腳！」他想。

於是，他終於有了「自知」之明。

「古今中外，名人、偉人、聰明人的特點集中於我一身，我是一個不同一般的人，我將前途無量。」第二天，他對他的學生這樣說。

這個故事幽默之中充滿了諷刺意味，這樣的「自知」還不如「不知」。我們所說的自知是真正地分析、了解自己身上所具有的特點，更多的是自己內在的東西，而不是外在特徵。

例如，當我們遇到事情不急不躁，仍能十分冷靜，說明我們是一個沉著、冷靜的人；當我們遇到遇事急躁、手忙腳亂的人，我們會發現他與自己的不同，這樣我們就可以評價他是一個浮躁的人。

2・先認識自己，再去討論生活

當我們在生活中迷惘的時候，我們首先做的不應當是討論生活本身的公平與否，討論自己機遇的好壞與否，這個時候最應當做的是研究自己，從而認識自己，真正了解自己的內心世界，了解自己的信念並且堅定自己的信念。

毫無疑問，研究自己的目的就是為了更清楚地認識自己，找到與自己的素質相對應的目標，憑著自己素質上的信號找到這一目標後，才能攻其一點，攻出成果，由此及彼，不斷擴大。認識自己，找到最適合我們的位置，開發屬於我們的領域，這是走向成功的一條捷徑。

專家研究顯示，人的智商、天賦都是均衡的，或許我們在某一方面有優勢，但不一定在別的方面能夠贏過人家。有優勢的同時就會存在劣勢。

有的人在未發現自己的才能時，往往不能把握自己的長處，學無成就，做無成果。這可能是因環境條件或形勢的迫使而不能顯示自己的才能，如同黑夜行路，坎坎坷坷。

客觀地認識自己，知道自己的長處，找到自己的發展方向，走一條適合自己的路，這對於我們的成功，有著事半功倍的效果。相反，如果我們在一個不擅長的方面辛苦拼搏，成效可能不會很大，甚至無功而返。

達爾文在《自傳》中表明，正因為他對自己的深刻認識，才使他把握住自己的素質特點，揚長避短，做出了突破性的成就。他十分謙遜又自信地談到自己：「熱愛科學，對任何問題都不倦思索、鍥而不舍，勤於觀察和蒐集事實資料，還有那麼點兒健全的思想。」但又認為自己的才能很平凡：「我的記憶範圍很廣，但是比較模糊。」「我在想像上並不出眾，也談不上機智。因此，我是蹩腳的評論家。」他還對自己不能自如地用語言表達思想深感不滿：「我很難明晰而又簡潔地表達自己的思想……我的智慧有一個不可救藥的弱點，使我對自己的見解和假說的原始表述不是錯誤，就是不通暢。」

作家朱自清也曾分析過自己缺乏小說才能的短處，他在散文集《背影》自序中說：「我寫過詩，寫過小說，寫過散文。25歲以前，喜歡寫詩，近幾年詩情枯竭，擱筆已久……我覺得小說非常地難寫，不用說長篇，就是短篇，那種簡潔的、嚴密的結構，我一輩子也寫不出來。我不知道怎樣處置我的資料，使它們各得其所。至於戲劇，我更始終不敢染指。我所寫的大抵還是散文多。」

其實，每個人都具有自己的某種優勢，都有適合自己的工作、事業。同時，人不是完人，不可能在每個領域都十分突出，有時候甚至缺陷十分明顯。不同的人，生理素質、心理特點、智慧結構等必然千差萬別。有的多條理，善於分析；有的多靈氣，富有幻想；有的擅巧計，能於謀略；有的富形象，善於表演。只要比較準確或大致對應地找到自己的成功目標或方向，我們的機遇就或早或晚、或近或遠存在於這個方向的軌跡上。

3．給自己定位，明確人生方向

對自己的認識不是一次可以完成的，不僅要建立在回饋基礎上的自我動態調節，也要借助別人對自己的中肯意見。

有兩件學林軼聞值得我們深思。一是著名的史學家方國瑜。他小時除刻苦攻讀學堂課程外，還利用節假日跟從和德謙先生專攻詩詞。他欽佩李白、羨慕蘇軾，企望自己有朝一日也能成為一名詩人。但一晃六、七年，卻始終未能寫出一篇像樣的詩詞。一九二三年，他赴京求學，臨行時和德謙先生誦玉阮亭「詩有別才非先學也，詩有別趣非先理也」之句以贈，指出他生性質樸，缺乏「才」、「趣」，不能成為詩人，但如能勉力，「學理」可就，將能成為一個學人。方國瑜銘記導師深知之言，到京後，師從名家，幾載治史，就小有成就，後來著成《廣韻聲匯》和《困學齋雜著五種》兩本書。從此他立定志向，終生從事史學研究。

著名史學家姜亮夫也有類似經歷。二十世紀20年代，他考入清華大學研究院。

當時他極想成為「詩人」，把自己在成都高等師範讀書時所寫的400多首詩詞整理出來，去請教梁啟超先生。不料梁啟超毫不客氣地指出他囿於「理性」而無才華，不適宜於文藝創作。姜亮夫回到寢室用一根火柴將「小集子」化成灰燼。詩人之夢醒了，從此他埋頭攻讀中國歷史、語言、楚辭學、民俗學等，取得一系列成果。可謂「失之東隅，收之桑榆」。

在現實生活中，人們往往忘記自己的存在，忘記對自己的關愛，從不去問「我從哪裡來，我到哪裡去」之類的問題，偶爾想起，也不過茫茫然一片空白。

在人生這個舞臺上，正可謂：亂哄哄，你方唱罷我登場，反認他鄉是故鄉；甚荒唐，到頭來都是為他人作嫁衣裳。

要給自己一個準確的定位，就要探討認識自己的問題。這裡所說的認識並不是像曹雪芹在《紅樓夢》中所講的道理一樣，對於那些身外之物我們還是應該去追求的。我們不反對去追求「身外之物」，更不鼓勵人們這輩子禁欲，下輩子進天堂享福。

正好相反，我們要極力鼓勵人們去追求現實的身外之物，因為畢竟只有這些身外之物才能反映出我們今生今世過得好不好，才能看出我們這輩子活得值不值。但同時我們也絕對不贊同將這些身外之物當做唯一。那些將身外之物當做唯一的人，當追求得到滿足後，又會很迷茫，結果是找不到「自己」，不知該往哪裡去，於是會墮落，尋求感官享受。

可見人必須清楚地認識自己，不但要建設極大豐富的物質家園，同時還需要建設自己的精神家園。做人固然要追求物質，但在追求物質的同時，一定要有精神。沒有精神，任何物質都經不起人們的推敲，沒有精神，任何物質都無法使人得到最大的滿足。

人首先應該給自己一個定位，自己到這個世界上來究竟是幹什麼的，必須有個十分清晰的描述，離開了這個描述，人就會迷茫，就會失去前進的方向，就會在一個個十字路口徘徊，這樣的人生是沒有意義的。

研究自己的目的就是更清楚地認識自己，找到與自己的素質相對應的目標，憑著自己素質上的信號找到這一目標後，才能攻其一點，攻出成果，由此及彼，不斷擴大。

「認識自己」被公認為希臘哲人最高智慧的結晶。一個不斷經由認識自己、批判自己而改造自己的人，智慧才有可能漸趨圓熟而邁向充滿機遇之路。

4．更多的出路，在於找到長處

春秋戰國時期，魯國有一個人，他特別擅長打草鞋，他的妻子紡的白綢特別漂亮。他們在魯國生活得並不開心，於是想搬到越國去。

有個從越國來的人告訴他說：「你們到了越國，一定會變得很窮的。」

魯國人很奇怪地問是什麼原因。

這個人解釋說，打草鞋是為了給人穿的，而越國人並不喜歡穿鞋，他們通常都赤腳走路；織的白綢是為了用來做帽子的，但是越國人也不喜歡戴帽子，而特別喜歡披著長髮。如果你們搬到不能施展自己才能的國家去，必然會受窮。

人們要學會發揮自己的長處，要在自己能夠發揮長處的地方活動，否則很容易把自己的長處變成短處。其實人們如何選擇和自己的知識背景有很大的關係。因為有些對於某人來說不是資源的東西，對於別人來說可能就是大資源。因此，人們應該開闊自己的視野，看得多、經歷得比較多，才有可能有更多的出路。

從前有個宋國人特別擅長配製防治凍手的藥，他家祖祖輩輩都是靠這種藥塗抹在手上，然後給別人漂洗棉絮來過日子。

有一個外鄉人聽說了這件事情，便找到這個人願意以一百兩黃金買他的藥方。宋國人很快把全家人招在一起商量該怎麼辦。最後的結果是自己家祖祖輩輩都幹漂洗棉絮的活兒，一年到頭也不過賺幾兩黃金。現在只要出售這個藥方就可以一下子得到一百兩黃金，那就把藥方賣給他吧！

那個外鄉人得到藥方後，立即去拜見吳王。向吳王誇讚這種藥如何如何有用。這個時候正好越國出現內亂，吳王就派這個外鄉人跟隨他的部隊去討伐越國。當時正是寒冬季節，由於他的藥很管用，儘管天氣很冷，但是吳軍絲毫沒有受到影響，他們和越國軍隊進行水戰，最後將越國軍隊打得落花流水。吳王得勝後特別高興，立即就割出一塊土地封賞給了這個獻藥方的人。

這種藥能夠讓手不皸裂，功用始終是一樣的。但是，有的人可以利用它得到封賞，而有的人雖然擁有它卻依然避免不了繼續做漂洗棉絮的苦活，這就是因個人眼界不同造成的。因此人們要學會開闊眼界，眼界越開闊，選擇的機會越多，成功的可能性就會越大。

人們要尋找到適合自己的事情做也必須懂得不斷學習。從來就沒有一生下來就什麼都知道的人，人都是在有意或者無意地學習，並且將學到的東西用於實踐。對於一個人來說，學習永遠都是必需的，尤其是現代社會，知識更新得很快，如果人們還抱殘守缺，將自己以前的陳年知識作為炫耀的資本，而不思汲取新的知識，那麼必然會很快失敗。

5．客觀地評價，重新找到自我

自我，是「神聖的靈魂的東西」。每個人的「我」就是每一個人的自我，而每個人都應該正確地認識自我，大膽地挑戰自我，更好地塑造自我，無往而不勝地戰勝自我。

認識自我，就是要客觀地評價自己，認清自己的優勢和劣勢，發現自己與眾不同的潛力；認識自己的生理特點，認識自己的理想、信念、價值觀、興趣、愛好、能力、性格等心理特徵。通過對自我的深刻認識，會了解自己所具有的真正價值，從而把自己的價值發揮到極致。

而「自我」這一命題，看來是一個很有限的東西，與天空和大地相比，是無比渺小的。但就認識的難度而言，卻又是一個無邊無際的深不可測的海洋。世上最困難的事情就是認識自己，要想全面而深刻的認清自己，必須找到一個很好的突破口。

一九九四年，心理學家日莫曼提出了著名的關於自我意識和自我監控「WHWW」結構。即「Why」（為什麼）、「How」（怎麼樣）、「What」（是什麼）、「Where」（在哪裡）。日莫曼認為自我意識和自我監控可以從「為什麼」、「怎麼樣」、「是什麼」和「在哪裡」這四個基本問題上來進行分析。

「為什麼」即動機，對是否參與所解決的任務進行決策，體現了個體內部資源的特性。

「怎麼樣」即方法、策略，是對所解決任務的方法、策略進行決策，體現了個體計畫與設計的特性。

「是什麼」即結果、目標，是對所解決的任務取得什麼樣的結果和達到什麼樣的目標進行決策，體現了個體自我覺察的特性。

「在哪裡」即情境因素，是對所解決問題的情境中的物理因素和社會因素進行決策和控制，體現了個體敏銳與智慧的特性。

由此可見，按照日莫曼「WHWW」結構，自我意識和自我監控具有動機自我意識和自我監控、方法自我意識和自我監控、結果自我意識和自我監控以及環境自我意識和自我監控這四維結構。

在認識自我這一問題上我們也可以套用這一結構，我們可以從這四個維度來認識自己。看看自己在哪一個維度存在欠缺，從而對自己重新進行設計。

一個情緒化很嚴重的人，他可能具有極高的智商，可如果他在「為什麼」這個維度有欠缺，也就是說，他缺乏成功的動機和欲望，那麼，很難開發出他的智慧潛能。同理，在「怎麼樣」上有欠缺的人，可能整天奔波，卻總是事倍功半；而在「是什麼」這個維度上有欠缺的人則不能合理地評估和判斷事情的結果和結果對其人生的重要意義，以致成功會和他失之交臂；「在哪裡」上有欠缺的人，對社會環境以及自己在環境中所處位置缺乏足夠的認識，容易高估或者低估自己的能力，從而導致自負或者自卑的消極情緒。

這四個維度就是認識自我的魔鏡，只有在這四個維度上對自己都有正確的判斷和評價，才能更好地調整自己，不斷完善自己，使自己立於不敗之地。

認識自己，就好像多了一雙睿智的眼睛，時時給自己添一點遠見，一點清醒，一點對現實更為透徹的體察與認知。借這份認知，可以少做很多日後追悔莫及的事情。經常把「自己」放在嘴裡嚼一嚼，並不比捶胸頓足多費力氣。

6·你也一定能，輕鬆擺脫自卑

擺脫自卑，其實就是放棄喪失信心的自我。喪失自信一般可分為兩種情況：一種是暫時性喪失信心，一種是與生俱來的自卑感。

諾貝爾化學獎的得主法國科學家維克多·格林尼亞就是從前一種自卑走向成功的。格林尼亞出生在一個百萬富翁的家庭，從小過著奢華的生活，養成了遊手好閒、揮金如土、盛氣凌人的放蕩公子的惡習。憑著自己英俊的外表，闊綽的身價，任意地玩弄女人，直到遭到一次打擊，他的人生才轉變了方向。

在一次午宴上，他對一位從巴黎來的優雅美貌的女伯爵一見傾心，於是像見了其他豔麗女人一樣追上前去。這次，他遭到了冷言冷語：「請離我遠一些，我最討厭被花花公子擋住視線！」

女伯爵的輕視與譏諷，第一次使他在眾人面前羞愧難當。

此刻，他覺得自己是那樣渺小，那樣齷齪不堪，那樣被人厭煩，一種強烈的自卑感油然而生，突然之間他的另一個自我被喚醒了。

他羞愧地離開了家，隻身來到里昂，在那裡隱姓埋名，開始走上求學之路。他進入里昂大學做了插班生，並且不再參加任何社交活動，整天在圖書館和實驗室裡苦讀。他的鑽研引起有機化學權威菲得普・巴爾教授的注意，開始給他指點。在名師的指引和自己不懈的努力下，終於發明了「格式試劑」，並且發表了200多篇學術論文，被瑞典皇家科學院授予一九一二年度諾貝爾獎。

是打擊喚醒了維克多・格林尼亞的自卑心理，而這種自卑心理驅使他改變自己，拋棄過去的自我，開始一個新的自我，最終戰勝自卑，從一種沉迷的人生走向一種成功的人生。

不論是哪一種自卑，都是能夠擺脫的，只要我們找到一種適合自己的方法。

下面是供朋友們參考的一些途徑：

一、要正確評估自己。我們可以嘗試把自己的價值寫在一張紙上，然後進行客觀的分析。例如，會寫文章、善於應酬、有好人緣、會設計圖紙、懂得書法等。如此一列，我們就會發現自己原來頗有能力，和同齡人比較，還有很多優勢呢。

二、要嚴格要求。自己存在的問題，必須認認真真地正面解決。假如我們怕在大庭廣眾下講話，就找機會在大眾前多講話。假如我們覺得應該向上司要求加薪，就毫不遲疑，立刻寫加薪報告。不管結果如何，總比悶在心裡好得多。

三、要大膽開展工作。與其在心裡想，還不如立即行動。我們將因完成了工作，而逐步建立起自信。有了自信，不但能得到物質的報償，還可以獲得社會的肯定。這是一種良性循環：自信幫我們完成工作，工作的完成又讓我們更加自信。這種良性循環又成了向成功邁進的潤滑劑，我們將順利擔當更大的責任，走上更重要的崗位。

人要對自己充滿信心，告訴自己：我是最好的！也不能過於隨心所欲，人要學會自控。其實成功者之所以成功，並沒有太多的祕訣，除了要學會自控外，有時只不過比常人思路寬廣一些罷了。凡事多轉個念頭，非但不會浪費時間，反而會使自己對未來有更安全的把握，從而更加容易達到成功的彼岸！

7・生命很珍貴，存在就有價值

生活中很多人都不能正確地認識自己，經受一些挫折、一點打擊，就悲觀失望、垂頭喪氣、怨天尤人、驚惶失措。甚至因為不能正確地認識自己，在極度悲觀中絕望輕生，這樣的例子，古今中外，不勝枚舉。

讓我們看一看一代巨匠梵谷大師吧！

文森特・梵谷是荷蘭梵谷家族的一分子，他的家族幾乎壟斷了荷蘭美術市場的畫商，他的父親是一個小鎮受人敬重的牧師，而他最初的願望就是能夠做一個很好的佈道者，能夠為人們傳播福音。

他在叔叔的一個畫店裡工作，這樣他可以掙錢養活自己，他甚至很可能成為他叔叔的繼承人來繼承一大筆財產，而他卻放棄了這裡，選擇了離開。

一八六九年，梵谷跟隨歐洲一個有名的藝術品商人哥比爾開始經商，而那時的梵谷由於年齡小，脾氣暴躁，在推銷藝術品時，經常和雇主爭吵，於是被哥比爾解雇了。

梵谷來到英國，在倫敦一家規模很小的寄宿學校教法文。由於他沒有及時收繳貧窮學生的學費，受到牧師的責罵，離開了寄宿學校。

一八八一年，28歲時的梵谷成了世界上最孤獨的人。也就是這時，他開始畫畫了，他畫了一張又一張比利時礦工的素描。基本上他不懂繪畫的技法，當然也沒有人來買他畫的畫。

一八八六年2月，梵谷前往巴黎與弟弟提奧同住。提奧在當時已是小有名氣的畫商了，他十分推崇印象派和新印象派、後印象派畫家。在弟弟的介紹下，梵谷結識了高更、貝爾納、勞特累克、畢沙羅、修拉等畫家。這一時期的梵谷深受印象派繪畫的影響，畫面變得明亮清新，並運用了如點彩法等的一些印象派技法。同時，他也開始了著名的自畫像的創作。

一八八八年年初，35歲的梵谷厭倦了巴黎的城市生活，來到法國南部小城阿爾尋找他嚮往的燦爛的陽光和無垠的農田，他租下了「黃房子」，準備建立「畫家之家」。他的創作也進入了巔峰。《向日葵》《夜間咖啡座——室外》《夜間咖啡座——室內》都是這一時期的代表作。但他依然只能靠弟弟提奧的資助生活。

在繪畫這一職業追求中，如果得不到別人的讚許和認同是很難支撐下去的，但是他得到更多的是打擊。在梵谷最艱苦的階段，他每個月的最後幾天都躺在床上，以此來化解饑餓的威脅，我們可以想像這種生命的歷程是多麼讓人心酸。

當時，上流社會的紳士們需要的是一些精緻的小肖像畫，或者是完美的風景畫。他們不喜歡憂傷的油畫。

一次，一位上流社會的少婦看到梵谷的油畫很輕蔑地說：「我很高興把這種東西稱作藝術。」面對莫名其妙的嘲諷，梵谷從沒有消沉過，他不會放棄自己的藝術追求。

37歲時，梵谷畫出了《聖萊米痛苦的瘋子》。

然而，梵谷的畫在當時卻無法得到上流社會和收藏家的青睞，他的畫作在那些人眼中就像廢紙一樣一文不值。一次一次的失敗和打擊，梵谷漸漸變得孤獨起來。他覺得自己是一個真正的失敗者，他開始頹廢、失望甚至絕望了。

他疲憊了、厭倦了，再也沒有勇氣面對生活給他的所有折磨和苦難，他決定離開這個嘲弄他的可悲的世界。於是，梵谷用手槍結束了自己的生命。

一次又一次的失敗和打擊，使梵谷無法正確地認識自己，他在失敗面前退縮了，以致沒有生活下去的信心和勇氣。

梵谷自殺後，人們在他身上發現了一封信。他在信中寫道：「說到我的事業，我為它豁出了我的生命，因為它，我的理智已近乎崩潰。」

一九一四年，梵谷書信集出版，梵谷的一生漸漸被全世界的人所知。一九三四年，《渴望生活——梵谷傳》出版，梵谷的故事感動著全世界的人。

今天，梵谷已成為舉世聞名的藝術大師。可惜他自己已經無法得知了。

其實，生命的逝去並不足以讓人變得崇高，只能給活著的人以痛苦或者惋惜。無論生活是幸運還是不幸，我們都應該樂於看到它，這是生活的真實體現，是生的證明，是自己存在的一種體驗。生命是不堪追問的，我們也無法預言下一刻會得到什麼，因為每個人都知道，我們只不過在探索生命的意義，釋放我們自己的能量。

梵谷經歷了那麼多磨礪，他的作品就是他的肉體和靈魂，為了它，他甘願冒失去生命和理智的危險。然而他還是沒有真正認識到自己的存在價值，對自己缺乏信心，認為自己始終就是一個失敗者，經歷了太久的跋涉，無法繼續承受失敗的打擊，決然離去。如果他能對自己有個正確的認識和判斷，能夠肯定自己的存在意義，再堅韌一些，那麼他自己的世界就會更精彩，也會給整個世界帶來更多的驚喜。

8·你就是巨人，只要你有信心

歐洲有一句名言：「一個人的自我思想決定他的為人。」行為是思想綻放的花朵，人們外在的言行舉止，無論是自然行為還是刻意行為，都是由內心隱藏的思想種子萌芽而來。

美國皮套業的明星約翰·比奇安，曾經是一名警官，只是喜歡在業餘時間做皮套。後來，他創辦了全美最大的製造皮套和皮帶廠家——比安奇國際公司，專供執法人員和軍方使用。他也擔任過亨廷頓控股公司的顧問和瑟法裡公司的發言人。比安奇在這個行業有極大的吸引力，當他出現在皮套展覽台時，展廳的人們排著長隊，只為一睹他的風采，就像西部鄉村歌星會見他的歌迷。

他曾講過這樣一個故事：「信不信由你，三十八年前，我還年輕的時候，在咖啡廳幹過活，我看見公司的老闆進進出出，我觀察他們時就問自己：什麼使他們與眾不同？他們在幹些什麼？我應當好好研究一下。我發現一件非常重要的事情——

他們有一個重要的特點，就是充滿信心。他們無所畏懼，他們是自信的。從那時起，我反覆思考，後來發現，恐懼是許多問題的根源。你必須對自己有信心，如果你自己沒有信心，任何人都無法相信你。」

萊尼特是一名普通的修理工。他的朋友們條件與他差不多，但薪水卻都比他高，住在高級的住宅區。萊尼特覺得很困惑，究竟自己什麼地方不如他們？在見過心理醫生之後，他找到了癥結所在。他發現自從他懂事以來，就極不自信、妄自菲薄、不思進取、得過且過，他總是認為自己無法成功，也從不認為可以改變這一點。於是，他痛下決心，再也不自我貶低，要信心十足。他辭掉了原來的工作，通過面試，進入一家知名的維修公司，兩年之後，成為行業中的著名人士。

在上面的兩個例子中，他們的成功都被他們掌握在自己的手中。一個人對自我的態度，既可以作為武器，摧毀自己，也能作為利器，開創一片無限快樂、堅定與平和的新天地。

心理學家馬斯洛在《動機與個性》中提到「自我接受」這個概念。他說：「新近心理學上的主要概念是：自發性、解除束縛、自然、自我接受、敏感和滿足。」

我們的心靈常常因為罪惡感，以及過去和現在所犯的種種過錯而自慚形穢。我們漸漸缺乏了尊敬和喜愛自己的能力。為了學習喜歡自己，我們必須面對自己的缺點，容忍自己的缺點。這並不是不思進取、懶惰或是其他什麼，這只表示我們必須認識到——沒有人，包括我們自己，能夠100％地優秀。要求別人完美是不公平的，要求自己完美更是荒唐。所以，千萬別這麼苛待自己。有時候，我們要試著練習自我放鬆，取笑自己的某些錯誤，要學習喜歡自己。

不喜歡自己的人，常表現為過度地自我挑剔。適度的自我批評是有益健康的，有助於個人的發展；但超過了這個限度，就會影響我們的積極行為了。如果一個人過於自我挑剔，當他從事一件事時，他會覺得自己很笨拙、很膽怯，想到自己的種種缺點，便沒有勇氣繼續下去。這樣的話，他最大的敵人就是他自己了。

《聖經》中，當耶穌遇到受折磨的人時，他不去查問為什麼這些人會如此，也不會給予很多的同情，而是說：「你的罪被赦免了，回家去吧，而且不要再犯罪了。」忘記過去的錯，愛自己，當我們認為自己是巨人的時候，我們才會成為真正的巨人。

實際上，自信不過是一種感覺，如果我們用肯定的態度去對待，久而久之它就會變成一種實在的行動，而其他人的意見或者自己的懷疑則經常會讓我們對自己的能力產生懷疑。最好的辦法就是不管別人怎麼說，自己盡可能地去嘗試。嘗試越多，便對自己的局限了解得越清楚。自己的選擇就會更加貼近實際。自己能做什麼不能做什麼逐漸分曉，自信心自然會增加。

那些富於思想的哲學家們也都這麼說，「我是誰，我從哪裡來，又要到哪裡去？」這些問題從古希臘開始，人們就開始問自己，然而都沒有得出令人滿意的結果。

即便如此，人從來沒有停止過對自我的追尋。正因為如此，人常常迷失在自我當中，很容易受到周圍資訊的暗示，並把他人的言行作為自己行動的參照，從眾心理便是典型的證明。其實，人在生活中無時無刻不受到他人的影響和暗示。比如，在公車上，我們會發現這樣一種現象：一個人張大嘴打了個哈欠，他周圍會有幾個人也忍不住打起哈欠。有些人不打哈欠是因為他們受暗示性不強。哪些人受暗示性強呢？

可以通過以下一個簡單的測試，來檢驗出來。

讓一個人水準伸出雙手，掌心朝上，閉上雙眼。告訴他現在他的左手上綁上了一個氫氣球，並且不斷向上飄；他的右手上綁了一塊大石頭，向下墜。三分鐘以後，看他雙手之間的差距，距離越大，則受暗示性越強。認識自己，心理學上叫自我知覺，是個人了解自己的過程。在這個過程中，人更容易受到來自外界資訊的暗示，從而出現自我知覺的偏差。

在日常生活中，人既不可能每時每刻去反省自己，也不可能總把自己放在局外人的地位來觀察自己。正因為如此，個人便借助外界資訊來認識自己。個人在認識自我時很容易受外界資訊的暗示，從而常常不能正確地知覺自己。

曾經有心理學家用一段籠統的，幾乎適用於任何人的話讓大學生判斷是否適合自己，結果，絕大多數大學生認為這段話將自己刻畫得細緻入微、準確至極。

下面一段話是心理學家使用的資料，仔細閱讀，是否覺得很適合自己呢？

「你很需要別人喜歡並尊重你。你有自我批判的傾向。你有許多可以成為你優勢的能力沒有發揮出來，同時你也有一些缺點，不過你一般可以克服它們。你與異性交往有些困難，儘管外表上顯得很從容，其實你內心焦慮不安。你有時懷疑自己所做的決定或所做的事是否正確。你喜歡生活有些變化，厭惡被人限制。你以自己能獨立思考而自豪，別人的建議如果沒有充分的證據你不會接受。你認為在別人面前過於坦率地表露自己是不明智的。你有時外向、親切、好交際，而有時則內向、謹慎、沉默。你的有些抱負往往很不現實。」

這其實是一頂套在誰頭上都合適的帽子。

一位名叫蕭曼・巴納姆的著名雜技師在評價自己的表演時說，他之所以很受歡迎，是因為節目中包含了每個人都喜歡的成分，所以他使得「每一分鐘都有人上當受騙」。人們常常認為一種籠統的、一般性的人格描述十分準確地揭示了自己的特點，心理學上將這種傾向稱為「巴納姆效應」。

巴納姆效應在生活中十分普遍。拿算命來說，很多人請教過算命先生後都認為算命的說得「很準」。

其實，那些求助算命的人本身就有易受暗示的特點。當人的情緒處於低落、失意的時候，對生活失去控制感，於是，安全感也受到影響。一個缺乏安全感的人，心理的依賴性也大大增強，受暗示性就比平時更強了。加上算命先生善於揣摩人的內心感受，稍微能夠理解求助者的感受，求助者立刻會感到一種精神安慰。算命先生接下來再說一段一般的、無關痛癢的話，便會使求助者深信不疑。

我們也有從眾心理嗎？是否也曾在「巴納姆效應」中迷失自己？

9．向自我挑戰，有缺點又何妨

世上的人看月亮，有人喜歡月圓的時候，也許是因為象徵圓滿；也有人喜歡弦月，可能是因為富有詩意；不一樣的人看月亮，就會對月亮有著不一樣的想法。但是，不管人們對於月亮是什麼樣的想法或觀感，月亮終究還是得循著自己的軌跡前進，反正它永遠也無法滿足所有的期盼。更何況，人要怎樣看月亮，對月亮有怎樣的想法、觀感，反映的是人們自己的狀態或需求，未必是因為月亮才這樣想的。

至於別人看我們的眼光，常常反映的也是他們自己的心理狀態：有人就是憤世嫉俗、怨天尤人，看誰都是一樣不滿，對我們當然也不會例外；有人過於主觀，常是以偏概全，認識我們沒有三分鐘，就已經對我們抱有成見了；還有人根本不在乎別人，對這樣的人而言，我們怎樣表現都好，也怎樣都不好，反正他是看自己心情說話的人。如果我們過於在乎這些人的想法，只會顯示出對自己太沒有自信，更是徒增自己的煩惱罷了。

當然，還有另外一些人，比如我們的父母、長輩或是朋友，他們是真心關愛、在乎我們的人。如果用心聆聽他們的想法或建議，對我們自己會有很大的助益，因為他們是真心為我們著想的人。不過，即使是做父母的也未必能夠完全了解自己小孩的需要，有時候父母也常會因為自己的局限，而對小孩有著某種過度期待，更別說是其他人了。

所以，即使是那些愛我們的人，我們雖然能夠了解、體會他們的心情，但是對於他們所做的建議、分析，還是得要經過我們自己的檢討、過濾才行。畢竟，要對自己負責，最了解自己的，往往還是自己。

這倒不是說，那些不是為我們著想的人，我們就不必在乎他們的想法了，只是說我們得清楚地知道別用情緒來回應別人個性、習慣上的不圓滿，才能平心靜氣去接受那些對我們有益的建議。至於對那些關心我們的人，彼此的關係應該是分享與聆聽，並不是遵從對方的期待而改變。對於那些真是不能接受或是無法達成的期待，還是得要適時地拒絕才行，否則就容易成為關係中造成決裂的隱藏炸彈。

也有些時候，我們的理想與那些關愛我們的人相抵觸，或許自己非常清楚為什麼要作這樣的選擇，清楚地知道將來的發展，但是別人並不知道，如果我們要堅持自己的選擇，也得要盡力溝通清楚才好。

總而言之，與他人的互動中，別人對於我們的所作所為，都會有他們自己的想法。在我們聆聽別人的意見時，先要了解他們對我們的心情是什麼，然後再仔細考量他們的建議是否適合。

完全地接納自己，尊重自己，既要接受自己的優點，也要接受自己的缺點。人不能夠正確認識自己的例子，在生活中隨處可見。許多人在躊躇滿志的時候，又往往不敢正視自己內心的愧疚、仇恨和羞辱；在垂頭喪氣時，卻又不敢相信自己擁有的優點和取得的成就。有些人因為自己偶爾的消極情緒而認為自己是邪惡的，於是，一蹶不振。有些人甚至因為他人對自己的不認可而自暴自棄，實在令人惋惜。

恩莫德・巴爾克曾警告人類：「以少數幾個不受歡迎的人為例來看待一個種族，這種以偏概全的做法是極其危險的。」

在今天，對人的個性採取以偏概全的做法，同樣也是極具危險的，我們應該避免這種做法。我們對別人具有攻擊性、懷有仇恨，這些感情是人性的一部分，但我們不必因此就厭惡自己，覺得自己就像社會的棄兒一般。意識到這一點，我們就能在精神上獲得超脫和自由。

我們不能片面地看待自己，而應該綜合考察、實事求是地了解自己、接受自己。很多人常常過分嚴格地要求自己，凡事都希望完美無缺。然而，我們所做的一切都不是十全十美的。我們無法要求自己完美無缺，我們只能努力把自己變成一個有很少缺點的人。我們要學會適當地寬容自己，坦然接受自己的某些缺點，這樣我們才能生活得比較輕鬆，才能保持內心的平靜。

然而，我們的進步是緩慢的、漸進的，有時甚至讓人灰心喪氣。

紐約的一位心理醫生遇到一個病人，這個病人酒精中毒，已經為此治療了兩年。有一次，病人來看醫生，要進行心理治療。病人告訴醫生說，前兩天他被解雇了。

當心理治療完畢後，病人說：「大夫，如果這件事發生在一年前，我是承受不住的。我想自己本來可以做得更好，避免這類事情的發生，但卻未能做到，為此我會去酗酒。說實話，昨天晚上我還這麼想呢。但我現在明白了，事情既然已經發生了，就該正視它，坦然地接受它。失敗就像成功一樣，是人生中難得的經歷，它是我們人生中不可避免的一部分。」

醫生認為，病人對自己如此寬宏大度，是一個顯著的進步。正像醫生所預測的那樣，此後，在另外一個工作領域，這個前來求醫的患者取得了令人矚目的成就。

如果人們能坦然接受生活的全部，那麼不論是成功還是失敗，都不可能使他為之所動。

每個人都會有缺點，這個世界上，十全十美的人是不存在的。有些人面對自己的缺點，總是想辦法遮掩，害怕別人笑話。其實，這樣做反而會使人感到虛偽，不真實，也就沒有人願意與我們交往。正確的思維是坦然面對自己的缺點，不有意掩飾，敢於挑戰自我，承認缺點，這樣就會贏得大家的尊敬。

首先，影響一個人成功的主要缺點就是不敢與人交往。不敢與人交往可能是存在自卑心理，在現代社會這就成為阻礙一個人發展的關鍵。

作為一個現代人，一定要樹立自信，要敢於與陌生人談話。為了能適應與不熟識的各類人打交道，在進入社會之初就應多參加人才交流會，從中接觸到各種各樣的人，諳熟各行人士的種種心理，那麼他的自卑心理就逐漸消失，自信心也自然而然地增強。

其次，不敢在熟人面前露醜是一種不良習慣。人的許多毛病或不良習慣可能是從小形成的，也許正是這些不良習慣，讓我們與成功絕緣。也許有人不會相信，一個讀了幾年大學的人不敢上臺表現自己。害怕露醜，就永遠沒有機會成功。

有個職員有一次被逼著去參加卡拉OK大賽，他自己也沒有想到，竟然差點拿了獎。這一次在眾目睽睽下表演雖然失敗了，但是正是這大膽的第一步，讓他以後敢於邁出第二步、第三步……其實，沒有什麼大不了的，醜媳婦總得見公婆，走出第一步，我們就自信了。

再次，敢於正視自己的缺點。「金無足赤，人無完人」，不要因有缺點而自卑。

有一個女孩，在一次偶然的會議中，她溫柔的語氣引起了一個小夥子的注意。給小夥子的第一感覺是，她是個純淨的、多才多藝的女孩子。儘管她相貌平平，不怎麼漂亮，卻使小夥子陷入了單相思。可小夥子想想自己，身材矮小、相貌一般、無德無才，憑什麼去追這樣的女孩？經過一段激烈的思想煎熬，小夥子終於給她寄去了一封情書。信發出後，小夥子無時無刻不在期盼著她的回音。但一個多月過去了仍無音信，小夥子的心猶如被冷水潑涼。

在希望即將破滅之際，老天有眼，小夥子知道了她的電話號碼。為了撥這次電話，小夥子不知道在房間裡徘徊了多少次，想像著怎樣和一個女孩子交談。電話終於有人接了，她的聲音出現在話筒裡，是那樣的溫柔，而小夥子原先準備的「臺詞」此刻一點也沒用上。

怎麼辦呢？小夥子還是逼自己至少跟她聊上五分鐘。最後五分鐘過去了，他們還沒有放下話筒，但是聊的不外乎是生活、學習上的一些瑣事。就這樣，每個週末他們通過電話線來拉近彼此的心，來了解對方。

後來，小夥子終於把她約了出來，度過了一個美妙的夜晚，感受到了初戀。

上天給了我們同樣的生命權，很多的機會也是均等的。世界上最大的敵人是自己，不敢承認自己的弱點而逃避現實的人，會永遠與成功無緣。相反，敢於拿出勇氣，向自我挑戰的人，成功就為期不遠了。

10・你是唯一的，是上帝的寵兒

世界上沒有兩片完全相同的樹葉，人也是這樣，每個人都是上帝的寵兒，都是獨一無二的，所以我們應該相信自己。

我們每個人在世界上都是不可替代的。從生理學上說，每個人都具有與眾不同的特徵，包含DNA、指紋等。從社會學上講，每個人的社會關係也是與眾不同的。所以這個社會離不開每個人，所以我們應該自信，只有自信才能自強，只有自強才能演好自己的角色，不管是主角還是配角。

自信的人，不會自卑，不會貶低自己，也不會把自己交給別人去評判。自信的人，不會逃避現實，不做生活的弱者，他們會迎接挑戰，演繹精彩人生。

自信的人，不會跟自己過不去，只會鼓勵自己。他們既會承擔責任，又會緩解壓力，他們會在生活的道路上遊刃有餘，笑看輸贏得失。

自信是一種心理狀態，可以通過自我暗示培養起來。如果通過反覆不斷地確認，相信自己會得到自己想要的東西，然後傳遞到潛意識思維裡面去，它就會帶來這樣的成功，因為自信的主要任務就是讓我們實現自己想得到的人生目標。積極的自我暗示，意味著自我激發，它是一種內在的火種，一種流動快捷的自我肯定；它可以使我們的心靈歡唱，建立自信，走向成功。

自我暗示的方法很多，每個人遇到的壓力不同，自我暗示的方法也不會相同。具有東方艾柯卡之稱的秒目志郎曾提出達到自我暗示的六個條件，分別是：

一、經常輸入偉人的事情。把自己推崇的偉人的資料輸入自己的大腦，經常用他們奮鬥的精神來激勵自己。

二、相信語言的力量。經常用一些諸如「我能行」，「我一定能渡過難關」之類的話語來激勵自己，增加自信。

三、了解重覆的重要性。連續不斷地重覆，不但內心深處能相信可能性，也會讓自己排除壓力，充滿自信。

四、保持強烈的欲望。若有很強的欲望，則會為了要實行的目標而付諸行動，縱使有障礙物，也絕不改變目標。不改變目標，則會改變超越障礙的方法。

五、決定終點線。量化目標，讓自己經常品嘗成功的喜悅，能有效增強自信。

六、設定預想的困難。事先把困難考慮到，當真的障礙物橫亙面前時，便不會氣餒、灰心，即使受到挫折，因為事先心理有準備，也不會輕易放棄。

日本戰國時代，有一個茶道專家很喜歡裝扮成武士。沒想到，在街上卻碰到了一個真正的武士，專家看到真正的武士走來，心虛得連忙低下頭，快速地從武士身旁走過。

武士看到專家驚慌的樣子，心想他一定是冒牌武士，於是就對茶道專家說：「別走，我要和你決鬥。」

專家心想，如果跟真正的武士比武，那自己一定會死在武士的刀下，但是自己是一個有名的茶道專家，絕不能死得太難看。於是，便對武士說：「我有一件很重要的事要去辦，等辦完了這件事，我再來跟你決鬥。」

武士答應了他的要求。這位茶道專家找了一位劍道師父說：「我是一個茶道專家，根本不會劍術，所以我一定會被殺死的，但是我希望至少能死得像個一流的茶道專家。」

劍道師父聽完專家的話，對他說：「我可以教你，可是，你要先泡一壺茶給我喝。」

專家想到，這可能是他這輩子最後一次泡茶了，於是用了他畢生所學，泡了一壺茶給劍道師父喝。師父喝了之後非常感動，直說這是他這一生喝過的最好喝的茶。

這時，劍道師父告訴專家說：「你去決鬥的時候，保持你泡茶的樣子就可以了，因為這是你最優美的姿勢。」專家聽了劍道師父的建議之後，面對武士時便不再心虛了，並且將本身的尊嚴全部發揮出來。

武士看到茶道專家的氣勢時大受震懾，於是便要求中止兩人的決鬥了。

故事中的茶道專家因為對自己的專業有信心，所以才能不戰而屈人之兵，以他的自信懾退了對手。

為了克服消極、否定的態度，我們應該試著採取積極、肯定的態度。如果自認為不行，身邊的事也拋下不管，情況就會漸漸變得如自己所想的一樣。缺乏自信時，我們更應該給自己打氣。

生活中，我們每個人都有自己所專長的東西，只要擁有自己在專長上的信心，去工作，去學習，去處理各種事務，效果一定會有很大的不同。

第7章

勇往直前，打造自信的習慣

強者不是天生的，強者也並非沒有軟弱的時候，強者之所以成為強者，在於他善於戰勝自己的軟弱。因此，請不要懷疑自己、貶低自己，只需勇往直前，付諸行動，就一定能走向成功。每個人都無權去輕視自己，自信是天賦的使命。當我們陷入自卑和悲觀之中時，我們一定要鼓勵自己堅信自我的價值，活出自己最佳的狀態。

1．信心不足難成大事

明朝末年，有位畫家有一天突然發現自己的表情、神態發生了變化，原本端正的五官變成了一副「狡詐、兇惡」的古怪模樣，他感到十分驚訝，自覺無顏見人。

為了糾正自己越來越醜的面貌，找回以前那份自信，他四處尋找名醫，但都不能見效。誰也無法改變他那「滿臉橫肉、兇神惡煞、愁眉苦臉」的容貌。

痛苦絕望之中，他到一座深山寺院去觀摩壁畫，順便就把自己的苦惱向寺中的長老說了。長老說：我可以治你的「病」，但不能白治，你必須先做一點工——畫幾十幅神態各異的觀音像。畫家接受了這個條件。

在眾人的眼中，觀音是慈祥、善良、聖潔、寬仁、正義的化身，她的面相神情，自然就是人民群眾心中這些概念的形象化、典型化。

畫家在繪畫過程中不斷研究、琢磨觀音的德行言表，不斷模擬她的心態和神情，達到了忘我的程度。甚至，他相信自己就是觀音。

半年後，工作完成了，同時，他驚喜地發現自己的相貌已經變得神清氣朗，端正莊嚴，心中的自卑感一下子消失，又重新充滿了自信。

他十分高興，感謝長老治好了自己的「病」。

「不，」長老說，「是你自己治好的。」

在長老的點撥下，畫家才悟出了原來「變醜自卑」的病根——過去兩年，他一直在描繪夜叉！正所謂「自信因感覺而生，自卑因感覺而滅。」

這個故事不管是真是假，但是它能從一個側面告訴我們：「相由心生」自信心的喪失，自卑感的產生，不是其認識上的不同，而是感覺上存在差異。其根源就是人們不喜歡用現實的標準或尺度來衡量自己，而相信或假定自己應該達到某種標準或尺度。如「我應該如此這般」、「我應該像某人一樣」等等。這些追求如果脫離實際，只會滋生更多的煩惱和自卑，從而失掉自信，使自己更加抑鬱和自責。

生活中類似的事例比比皆是，有些商人認為自己注定要失敗，不敢抓住機會去擴大經營規模；有些專業人員總認為自己的能力和思想比同事稍遜一籌；有些成績優秀的大學生為考試惴惴不安；有些年輕女孩迷人可愛，但與鄰居的女孩相比較後，又對自己的社交能力頗感失望。這些人本來極為優秀，但在內心裡卻憎惡自己，他們內心焦慮不安，沒有自己的主見，用別人的判斷標準扼殺了自己的信心。

與自己過不去，這也是許多悲劇的根源所在。

失敗的原因固然與能力低下、意志薄弱有關係，但如果還沒有上場，就信心不足，當然就會敗下陣來。所以，凡事只要勇敢地邁出第一步，我們就會發現，成功並沒有想像的困難，原來如此努力就可以獲得。

或許我們每一個人都曾經經歷過這個小和尚的角色，我們為了昨天的失誤而哭泣，甚至放棄了今日應該做的主題，明日再為今日的放棄而哭泣，日日相仿，人生就這樣丟失了它的意義。當昨天的事情我們已經無力改變，那麼就應該勇敢地去面對它，把握好今天才是最有價值的行為。

在通過成功的道路上，或許荊棘叢生，或許障礙重重，可是所有的這一切都是可以戰勝的，關鍵是你是否具備了戰勝它們的決心。昨天的荊棘叢林已經走過，即使傷痕累累，也不能代表我們無法跨越這條路。勇敢地走下去，傷在昨天，勇於今天，那麼成功就在明天。

人的一生要經歷過無數的風雨，無數的磕磕絆絆。看看我們小時候是如何學會走路的，我們一邊學走，一邊摔倒，我們沒有因為摔倒了，就長哭不起，就拒絕走路。相反，兒時的勇氣是巨大的，無論摔得多麼疼，哭一下子以後還是要走的，甚至第二天就把昨天摔跤的事情忘記了，或許這就是人堅強的本性。長大之後，這種本性是依然存在的，我們不能讓軟弱把它掩埋，要如同一個幼兒學走路那般勇敢。昨天的創傷已經結疤，讓我們不要再把精力放在它身上了。如果你只會讓已經產生的錯誤一直發酵，那你今天也別想好好活了。不要為昨天的失敗而流淚，但是要從昨天中吸取教訓，避免「今天」成為第二個失敗的「昨天」。

2・信心足以支撐行動

更多的時候，人們不是敗給外界，而是敗給自己。俗話說：「哀莫大於心死」，絕望和悲觀是死亡的代名詞，只有挑戰自我，永不言敗者才是人生最大的贏家。

戰勝自己就是最大的勝利。與其說是戰勝了疾病，不如說是戰勝了自己。工作不順利時，我們常常會找種種藉口，認為是領導故意刁難，把不可能完成的工作交給我；認為最近健康狀況欠佳，才導致效率不高……心想偷懶，卻把偷懶理由正當化，總認為期限還有三天、明天、後天拼一下，今天不妨放鬆一下。

韓信年輕時，一群無賴地痞故意刁難他，讓他從人家的胯下爬過去。面對這種羞辱，韓信沒有惱羞成怒，而是順從地爬了過去，仍然走他的路。

為什麼韓信能忍受這種奇恥大辱呢？因為他心中有更高、更大、更宏偉的目標，並且他對自己充滿了自信。

美國有史以來少數幾本最偉大、最具鼓勵性的書籍中，有一本是克勞德・布里斯托所寫的《信念的魔力》，是最具科學性和說服力的。他真心相信這項精神原則：「只要你有堅定的信念，一切皆有可能。」

實際上，戰勝困難要比打敗自己相對容易，所以有人說：「我」是自己最大的敵人。戰勝自己靠的是信心，人有了信心就會產生力量。

人與人之間，弱者與強者之間，成功與失敗之間最大的差異就在於意志力量的差異。人一旦有了意志的力量，就能戰勝自身的各種弱點。

有自信就能應對各種困難，在任何情況下，都能調動智慧去克服面臨的難題。沒有自信，就會在困難面前認輸，敗下陣來。

日本的小澤征爾有一次去歐洲參加音樂指揮家大賽，決賽時，他被安排在最後一位。小澤征爾拿到評委交給的樂譜後，稍微準備，便全神貫注地指揮起來。突然，他發現樂曲中出現了一點不和諧。

至此，他認為樂譜確實有問題。可是，在場的作曲家和評委會的權威人士都鄭重聲明：樂譜不會有問題，是他的錯覺。面對幾百名國際音樂界的權威人士，他難免會對自己的判斷產生猶豫，甚至動搖。但是，他考慮再三，堅信自己的判斷是正確的。

於是他斬釘截鐵地大聲說：「不。一定是樂譜錯了。」評委席上的那些評委們立即站了起來，向他報以熱烈的掌聲，祝賀他奪得大獎。

原來這是評委們存心設下的一個圈套，以試指揮家們在發現錯誤後而在權威人士不承認的情況下，是否能堅持自己的正確判斷。因為只有具備這種素質的人，才能真正稱得上世界一流的音樂指揮家。三名選手中，只有小澤征爾堅信自己的判斷不會錯，而大膽地否定了權威們的意見，因而獲得了這次世界音樂指揮家優秀獎。

缺乏自信的人在權威面前只有俯首稱臣，不敢相信自己，只相信權威，只有自信心極強的人才能堅持自己的看法而無視權威的存在。小澤征爾就是因為自信而取勝的。

熱愛自己的生命就是要相信自己生命的價值，相信自己會獲得成功。有了這一點就有了成功的機會。

3·相信自己永不言敗

一個人一直堅持到最後實在是比較困難的。世界上成功者微乎甚微，平庸者多如牛毛就是最好的說明。成功的祕訣就是如此簡單。因為在這個世界上，真正的失敗只有一個，那就是徹底放棄，而真正相信自己的人是永遠不會放棄努力的。

其實，信心的威力，並沒有什麼神奇或神祕可言。信心起作用的過程其實很簡單：相信「我確實能做到」的態度，產生了能力、技巧與力這些必備條件，每當我們相信「我能做到」時，自然就會想出「如何去做」的方法。

我國古代有一個列子射箭的故事，頗能引人深思。

列禦寇是古代一位射箭能手，他箭術高超，傳說他的箭法百發百中，非常精確，在當時無人能及。

有個叫伯昏無人的人也聽說列禦寇是位射箭高手，但他並未親眼見過，也不知道列禦寇除了是位射箭高手之外有無別的過人之處。於是為了了解列禦寇其人，有一天，伯昏無人就邀請列禦寇來他的練箭場來表演箭術，同時邀請了很多當時很有威望的人一同參加。

列禦寇如期而至，寒暄一番之後，在座的客人都要求列禦寇表演他高超的箭術，伯昏無人也對列禦寇說道：「今天大家來都是想欣賞你的箭術的，你就露兩手吧。」於是列禦寇換了身裝束，拿出弓箭。他先表演了百步射靶，果然每一箭都正中靶心，非常精確。在座的客人都非常敬佩，紛紛拍手稱好，但伯昏無人並未表示什麼。

列禦寇為了顯示自己射箭不但精準而且穩如泰山，於是吩咐手下取了一滿碗水，大家都在疑惑是否列禦寇口渴要喝水時，他又拉滿了弓，然後讓人把碗放在自己的手腕上開始射箭。射完一箭又一箭，一箭連著一箭地射，每次箭頭都射進了靶心，由於射得多了，以至於箭在靶上竟然重疊了起來，一支箭射出時，另一支箭又放在了弓弦上。

這時的列禦寇卻絲毫未動，面無表情，專心致志地射箭，遠遠看去就好像一座雕塑一樣。再看他手腕上碗中的水，竟一滴都沒有灑出來。看到這裡，在場的人先是目瞪口呆，緊接著就是一片歡呼，叫好聲不斷。

本以為伯昏無人會大加讚揚，誰知他卻說道：「你的表演非常精彩，這一點我非常敬佩。但你這只是在平常狀態下射箭的箭法，我們大家並不能從中看出你的真本領。」列禦寇心有不服地反駁道：「那麼什麼狀態下才能顯示出真正的本領呢？」伯昏無人笑笑說：「很簡單，我們不在這裡射箭了，我們去到最高的山峰，走過懸崖峭壁，面對著百仞深淵，在那種狀態下，如果你還能射得準的話，那才是真本事啊！」列禦寇同意了。

於是，一行人來到了高山，途中一些客人因害怕勞累回去了。當他們走過懸崖峭壁時又有一些人畏高而退卻了。再往前走時，除了伯昏無人和列禦寇之外，已經沒有幾個客人了。終於臨近了百仞深淵，這時列禦寇拉弓就要射，伯昏無人說道：「不要著急，我們還沒到。」跟著來的幾位客人都遠遠地站在後面不敢往前一步，而列禦寇雖說跟著伯昏無人臨近深淵，但其實也已非常勉強了。

再看伯昏無人，只見他從容不迫地背對著百仞深淵倒退著一步一步地走了過去，每走一步都是那麼堅定和自信，從不回頭看一眼，直到自己的腳跟已經差不多有兩分懸空於懸崖外時，他向列禦寇招手示意他往前走，並說這裡才是射箭的地方。而此時的列禦寇全然沒有練箭場上的威風和鎮定了，他已經嚇得站不住了，匍匐在地上，汗水從頭頂直流到腳跟，而且再也不敢朝懸崖這邊多看一眼。

於是，伯昏無人走了回來說道：「最高超的人，能夠上窺青天，下潛黃泉，奔放到極遠的地方而神色不變。現在你恐懼之情表露在眼目之中，可見你的內心實在是不堅強啊！」

列禦寇雖有精湛的射技，但在臨危之時因為缺乏足夠的自信卻不能發揮正常水準了。

的確，看來任何高超技藝的發揮，都不單純依靠技巧的嫻熟與高明，還要看當時外界環境的影響。當外界環境發生變化時，除高超的技巧外，優良的心理素質，對自己的足夠自信就起著十分重要的作用了。

因而，人們除了掌握精湛的技藝外，還必須具備臨危不懼的氣魄和堅定的自信心，只有這樣才能在任何情況下都能發揮最好的水準。

4·自信的人擁有勇氣

一個人的成就絕不會超出他自信所能達到的高度。

據說拿破崙親率軍隊作戰時，同是一支軍隊的戰鬥力，便會增強一倍。原來，軍隊的戰鬥力在很大程度上基於士兵們對統帥的敬仰和信心。如果拿破崙在率領軍隊越過阿爾卑斯山的時候，只是坐著說：「這件事太困難了。」毫無疑問，拿破崙的軍隊永遠不會越過那座高山。拿破崙的自信和堅強，使他統帥的每個士兵增加了戰鬥力。所以，無論做什麼事，堅定不移的自信力，都是達到成功所必需的和最重要的因素。

有一次，一個士兵快馬加鞭給拿破崙送信，由於馬跑得太快，在到達目的地之前猛跌了一跤，那馬就此一命嗚呼。拿破崙接到了信後，立刻寫封回信，交給那個士兵，吩咐士兵騎自己的馬，從速把回信送去。

那個士兵看到那匹強壯的駿馬，身上裝飾無比華麗，便對拿破崙說：「華美強壯的駿馬不配給我這樣下等的士兵享用。」拿破崙回答道：「世上沒有一樣東西，是法蘭西士兵所不配享有的。」

生活中到處都有像這個法國士兵一樣的人。他們以為自己的地位太低微，別人所擁有的種種幸福，自己不會擁有，也不配享有。而正是處於這種心理，他們往往不求上進、自甘平庸，漸漸地也就真的不配享有他們永遠不會擁有的東西。

有一位奇怪的經理，他給下屬定了一條規矩：不准走入公司的某個房間，否則開除。其他員工都照他說的做了，只有一人，他好奇地走了進去，發現房間裡只有一張桌子，桌子上只有一封信，信上寫著：給經理。

這名員工把信給了經理，經理笑著說：「從現在起，你就是我的助理了。」員工很疑惑，經理解釋說：「我已經等了兩年了，只有你有勇氣走進去，把信拿過來。」

在這個故事裡，勇氣也給人帶來意外的機會。

其實人生又何嘗不是如此呢？在面對各種挑戰時，也許失敗的原因不是因為勢單力薄，不是因為智慧低下，也不是沒有把整個局勢分析透徹，而是把困難看得太清楚，分析得太透徹，考慮得太詳盡，才會被困難嚇倒，舉步維艱。倒是那些沒把困難完全看清楚的人，更能夠勇往直前。

5．不要沉浸在自卑中

在現實生活中，我們每個人都或多或少存在著自卑，但是自卑並不可怕，可怕的是沉浸在自卑當中而喪失了追求成功的勇氣。

強者不是天生的，強者也並非沒有軟弱的時候，強者之所以成為強者，在於他善於戰勝自己的軟弱。因此，請不要懷疑自己、貶低自己，只需勇往直前，付諸行動，就一定能走向成功。

從前在美國有個人，相貌極醜，街上行人都要調頭對他多看一眼。他從不修飾，到死都不在乎衣著。窄窄的黑褲子，傘套似的上衣，加上高頂窄邊的大禮帽，彷彿要故意襯托出他那瘦長條的個子，走路姿勢難看，雙手晃來蕩去。

他是小地方出生的人，儘管後來身居高職，但直到臨終，舉止仍是老樣子，仍然不穿外衣就去開門，不戴手套就去歌劇院，總是講不得體的笑話，往往在公眾場合忽然憂鬱起來，不言不語。無論在什麼地方——在法院、講壇、國會、農莊，甚至於他自己家裡——他處處都顯得格格不入。

他不但出身貧賤，而且身世蒙羞，母親是私生子，他對這些缺點非常敏感。沒人出身比他更低，但也沒有人比他升得更高。

他後來任美國大總統，這個人就是林肯。

一個人有這麼多的弱點而不去克服，難道也能得到像林肯那樣的成就？

其實，林肯並不是用每一個長處抵每一個短處以求補償，而是憑偉大的睿智與情操，使自己凌駕於自己的一切短處之上，置身於更高的境界。他只在一個方面，就是通過教育，來補償自己的不足。他用拼命自修的方法來克服早期的障礙。他非常孤陋寡聞，在20歲以前聽牧師佈道，他們都說地球是扁的。他在燭光、燈光和火光前讀書，讀得眼球子在眼眶裡越陷越深，眼看知識無涯而自己所知有限，總是感覺沮喪。他填寫國會議員履歷，在教育一項下填的竟然是：「有缺點。」

可見，林肯的一生不是沉浸在自卑中，而是對一切他所缺乏方面的全面補償。他不求名利地位，在不幸福的婚姻之下，仍集中全力以求達到自己心中更高的目標，他渴望把他的獨特思想與崇高人格裡的一切優點奉獻出來，從而造福人類。

有自卑心理的人大都比較敏感，容易接受外界的消極暗示，從而愈發陷入自卑中不能自拔。而如果能正確對待自身缺點，把壓力變動力，奮發向上，就會取得一定的成績和成功，從而增強自信、擺脫自卑。

6．即使失意也不失志

人生如行船，並非一帆風順，有風平浪靜，也有大浪滔天。風平浪靜時，不喜形於色；風吹浪打時，不悲觀失望。只有這樣，人生的大船，才能順利地駛向成功的彼岸。

月有陰晴圓缺，人生亦是如此。情場失意、朋友失和、親人反目、工作不得志……類似的事情總會不經意地糾纏我們，此時我們的情緒可能已經跌至低谷。其實，生活中的低谷就像是行走在馬路上遇到的紅燈一樣，不妨把它看做是我們生活的某種秩序，利用這段時間來做個短暫的休息，放鬆繃緊的神經，為綠燈時更好地行走打下基礎。如果沒有這樣的紅綠燈，或許某個時候，人生的道路會突然堵車，給我們一個措手不及，讓我們無所適從。

歷史上許多偉人，許多有成就者，都有過失意的時候，但他們都能失意不失志，都能做到勝不驕，敗不餒。司馬遷因李陵一案而官場失意，但他沒有被打垮，反而成就了他「史家之絕唱，無韻之離騷」的傳世之作。

美國最偉大的總統林肯曾有兩次經商失敗，兩次競選議員失利的經歷。但他最終還是得到了幸運女神的垂青，成為美國歷史上與華盛頓齊名的偉人。試想，如果他在經商失意時不能及時醒悟，不能及時放棄不適合自己的追求，同時，堅持自己的理想，那他可能就不會有如此大的成就。

失意並不可怕，只要及時醒悟，我們就會踏上另一條通往成功的大道。失意時最忌情緒低落，最忌破罐子破摔的思想。一定想著做點能夠幫助自己渡過難關的事。失意時可以先大哭一場，把失敗的苦痛儘快釋放出來。哭過以後，一定要及時反省，思考自己錯在何處，如果還有挽救的餘地，就不要輕言放棄；如果實在是無藥可救，堅持也屬徒勞，那就到了下一步：痛下決心，改弦更張，重新繪製人生的宏偉藍圖。

7·莫要過度輕視自己

自信是從事大事業所必須具備的素質。自信是一種感覺，有了這種感覺，人們才能懷著堅定的信心和希望，開始偉大而又光榮的事業。如果我們充滿自信，就不能等待別人來發現，來了解，應該積極地表現自我。

只有那些對自己具有充分信心的人才敢於對各種人生險境進行挑戰，在我們心中燃燒自信火花的祕訣在於——「仔細觀察你的潛能所在，然後慢慢地在那個領域裡求索」。

愛因斯坦小時候是個十分貪玩的孩子，他的母親常常為此憂心忡忡，再三地告誡對他來講如同耳邊風。直到16歲的那年秋天，一天上午，父親將正要去河邊釣魚的愛因斯坦攔住，並給他講了一個故事，正是這個故事改變了愛因斯坦的一生。

「昨天，」愛因斯坦的父親說，「我和咱們的鄰居傑克大叔去清掃南邊工廠的一個大煙囪。那煙囪只有踩著裡邊的鋼筋踏梯才能上去。你傑克大叔在前面，我在後面。我們抓著扶手，一階一階地終於爬上去了。下來時，你傑克大叔依舊走在前面，我還是跟在他的後面。後來，鑽出煙囪，我們發現了一個奇怪的事情：你傑克大叔的後背、臉上全都被煙囪裡的煙灰蹭黑了，而我身上竟連一點煙灰也沒有。」

愛因斯坦的父親繼續微笑著說：「我看見你傑克大叔的模樣，心想我肯定和他一樣，臉髒得像個小丑，於是我就到附近的小河裡去洗了又洗。而你傑克大叔呢，他看見我鑽出煙囪時乾乾淨淨的，就以為他也和我一樣乾淨呢，於是就只草草洗了洗手就大模大樣上街了。結果，街上的人都笑痛了肚子，還以為你傑克大叔是個瘋子呢。」

愛因斯坦聽罷，忍不住和父親一起大笑起來。

父親笑完了，鄭重地對他說，「其實，別人誰也不能做你的鏡子，只有自己才是自己的鏡子。拿別人做鏡子，白癡或許會把自己照成天才的。」

愛因斯坦聽了，頓時滿臉愧色。從那以後，愛因斯坦逐漸離開了那群頑皮的孩子。他時時用自己做鏡子來審視和映照自己，終於映照出了他生命的獨特光輝。

遺傳學告訴我們，每個人都是自然界最偉大的奇蹟，以前既沒有像我們一樣的人，以後也不會有。因此，我們要保持自己的本色，這是激發潛能的重要通道，也是最大化自信的源泉，更是實現人生價值的必由之路。

自信是從事大事業所必須具備的素質。自信是一種感覺，有了這種感覺，人們才能懷著堅定的信心和希望，開始偉大而又光榮的事業。如果我們充滿自信，就不能等待別人來發現，來了解，應該積極地表現自我。

人要改變自己，就需要時時處處充滿自信。既要在自己內心裡相信自己，也要在公眾面前表現出這種自信心。

對任何想成功的人來說，自信心肯定是裝備清單上最重要的東西。如果一個公司的老闆對於走哪條道路拿不定主意，這會對公司上上下下的所有人都產生影響。

8．別讓自卑絆住腳步

紐約的深秋來臨了，樹葉片片落下，一陣風吹過，一個年輕的乞丐不禁打了一個寒噤，空蕩蕩的褲腳隨風飄起。自從他的右腳連同整條腿斷掉後，他的一切希望都化成了泡影，他變成了一個乞丐，每天靠別人的施捨過日子。

可是今天太不幸了，他一整天都沒有吃東西了。乞丐走進一個庭院，向女主人乞討。他故意把拐杖往地面上敲打，想引起女主人的憐憫之心。

可是女主人毫不客氣地指著門前一堆磚：「你幫我把這些磚搬到屋後去吧。」

女主人俯身搬起磚來，她故意用一隻手拿一根棍子，一隻手拿磚頭，依靠一條腿走路搬了一趟說：「你看，並不是非要兩條腿才能幹活。我能幹，你為什麼不能幹呢？」

乞丐怔住了，他用異樣的目光看著婦人，尖突的喉結像一枚橄欖上下滑動了兩下，終於他俯下身子，用他那唯一的腿和一隻手搬起磚來，一次只能搬兩塊。他整整搬了兩小時，才把磚搬完，累得氣喘如牛，臉上有很多灰塵，幾綹亂髮被汗水浸濕了，貼在額頭上。

婦人遞給乞丐一條雪白的毛巾說：「這下你該明白了吧，要想幹成功一件事，就別讓自卑絆住了你的腿。」

乞丐接過去，很仔細地把臉和脖子擦了一遍，白毛巾變成了黑毛巾。

婦人又遞給乞丐20元錢，乞丐接過錢，很感激地說：「謝謝你。」

婦人說：「你不用謝我，這是你自己憑力氣掙的工錢。」

乞丐說：「我不會忘記你的，這條毛巾也留給我作紀念吧。」說完他深深地鞠一躬，就上路了。若干年後，一個穿著體面的人來到這個庭院。他舉止優雅，氣度不凡，跟那些自信、自重的成功人士一模一樣。美中不足的是，這人只有一條左腿，右腿是一條假肢。

來人俯下身用手拉住有些老態的女主人說：「如果沒有你，我還是個乞丐，是你讓我克服了心中的自卑，增添了我走向成功的勇氣。現在，我是一家公司的董事長。」

婦人已經記不起他是誰了，只是淡淡地說：「這是你自己憑信心幹出來的。」

沒有右腿的乞丐是靠什麼成功的？是他克服自卑增強自信後走向了成功。在他斷掉右腿時，世界對他來說是灰暗的，他認為自己什麼都不能做了。當他用兩隻手一趟趟地把磚頭搬走時，他甩開了自卑的局限，獲得了一種新的力量，邁開了走向成功的腳步，並最終獲得了成功。

第8章

知足常樂，凡事不要太強求

知足是一種美德和智慧。因為知足，我們會自覺珍惜，並倍加珍惜我們今天擁有的一切，從而更好地把握現在，把握未來；因為知足，我們會更坦然地面對競爭，在權、錢、色面前心靜神定，無牽無掛，在利益的天平上擺準砝碼，做到有所求有所不求，有所為有所不為，能為則為，不能為則不為；因為知足，我們會懂得許多生活的情趣，從許多不經意的小事中獲得美的享受。

1．能知足才能知不足

在許多時候，我們不知道滿足，甚至為了「了卻君王天下事」，對生前身後的功名也期待頗多。對於前世，我們會埋怨父母沒有把我們生養在富貴之家，對於後世，總是抱怨子孫們不能個個如龍似鳳，但我們更多的不滿足還是來自於自身。

我們為什麼會這樣不知足呢？這其實是欲望的驅使，是幻想的衝動，是不切合實際的索取。如果我們把不知足歸結為人類後天的變異，這有失公允。其實，不知足是一種最原始的心理需求，知足則是一種理性思維後的達觀與開脫。

列夫・托爾斯泰說：「俄羅斯人對於自己的財產從不滿足，而對於自己的智慧卻相當自信。」這就說明了知足的兩重性。人們對於物欲的追求總會優越於精神的追求。在精神上的知足往往不能滿足物質的需求，這與人類的第一需要溫飽有關。

老子說過：「有所為才能有所不為。」換句話說，能知足才知不足。諸如，在物質匱乏的年代，我們會滿足於一日三餐的粗茶淡飯，但我們深知，我們對於飲食的需求遠不只這些，只要條件許可，我們就會要酒要肉，吃完了還想跳個舞。

知足與不知足是一個量化的過程。我們不會把知足停留在某一個水準上，也不會把不知足固定在某一個需要上。不同的年代，不同的環境，不同的階層，不同的年齡，不同的生活經歷，知足與不知足總會相互轉化。窮苦的青年人還是不要知足的好，唯有這樣，生活才會改觀；一夜暴富的大款們，對於知識的追求多一些也許可以提升生活品質。但知足的農民從不強迫自己當總統，安分守己的鄉村教師會把按時領到薪水作為對自己最大的慰藉。

知足使人平靜、安詳、達觀、超脫；不知足使人騷動、搏擊、進取、奮鬥；知足智在知不可行而不行，不知足慧在可行而必行之。若知不行而勉為其難，勢必勞而無功；若知可行而不行，這就是墮落和懈怠。這兩者之間實際是一個「度」的問題。度是分寸，是智慧，更是水準，只有在溫度合適的條件下，樹木才會發芽，也不至於因控制不好火候而把鋼材煉成生鐵。

2・知足則無非分之想

誰都會有需求與欲望，但這要與本人的能力及社會條件相符合。每個人的生活都有歡樂，也有缺失，但不能搞攀比，俗話說「人比人，氣死人」，「尺有所短，寸有所長」。心理調適的最好辦法就是做到知足常樂，「知足」便不會有非分之想，「常樂」也就能保持心理平衡了。

人的需求其實是很低的，但人的欲望卻是無限膨脹的。人應該學會儘量滿足自己的需求，而盡可能地抑制那無限膨脹的欲望。順從自然的本心，去快樂地生活！「知足常樂」不應該只是說說……

有一戶打工的人家，男人做的是清潔工，每天的工作就是往垃圾站轉運垃圾；女的剛來時懷有身孕，生了孩子後，就出去給人擦皮鞋。他們租住的房子，是一戶人家在圍牆邊搭蓋的簡易廚房，房子很小，裡面只能放下一張雙人床。他們的家具都是別人丟棄的，根本就放不進房間裡面，只能放在屋外。就連吃飯的桌子也沒有，有了也沒地方放，他們只能在屋外吃飯，有時將菜碗放在板凳上，有時乾脆把炒菜的鍋當菜碗來使用。

他們雖然是窮人，是大都會中邊緣人，可是他們看上去沒有一點愁苦的感覺。他們住的地方是宿舍大院的大門口，經常人來人往，那男的每天哼著小曲，忙進忙出，跟來來往往的人們打著招呼、聊著天，而且有求必應，特別熱心，也特別快樂。他們覺得他們的需求已經得到了滿足，所以，他們很知足。

這對夫妻的物質生活與那些腰纏萬貫的人比起來可謂是少之又少，可他們的快樂卻比那些人多了許多。這是為什麼？

其實人的實際需求是很低的，遠遠低於人的欲望。我們的房子再多再大，也只能在一間屋子裡，一張床上睡覺；把世界上所有的山珍海味都擺在桌子上，我們也只能吃下胃那麼大小的東西；我們的衣櫃裡掛滿了各式各樣的名牌時裝，也只能穿一套在身上；我們的鞋子有無數雙，也只能穿一雙在腳上；我們的汽車有無數輛，也只能開著一輛在街上跑……

可是，人們追求物質享受的那種無窮無盡的欲望，有時卻使人們的財富變成一種累贅。買了大房子還想買更大的房子；屋子裝修了一遍又一遍；車子換了一輛又一輛；家具換了一套又一套；家用電器更新了一代又一代。不是因為別的，只是因為有錢，只是希望那些東西、那些身外之物看上去更氣派、更豪華、更先進。

每個人都有選擇自己生活方式的權利，這無可厚非。但如果讓那無限膨脹追求財富的欲望，影響了我們的健康、我們的愛情、我們的婚姻、我們的家庭、我們的快樂，讓我們整天為此疲於奔命，寢食難安，帶給我們無限的煩惱，就很不值了。

更有甚者，這種欲望變成了一種無法滿足的貪欲，並促使有的人走上了犯罪道路，毀掉了自己的一生，搭上了性命，發人深省！

「一念之欲不能制，而禍流於滔天。」這是源於《聖經》的經典語句，世界其實很簡單，錢本無善惡，錢能買到房子，但買不到家；錢能買到藥品，但買不到健康；錢能買到床，但不能買到休息——錢不是萬能的。

人生必不可少的東西其實是很少的。認識清楚了這一點，我們就可以活得從容一些，不那麼忙碌，不那麼心浮氣躁。因為不管社會怎麼發達，物價如何上漲，我們只要具備一顆平常心，只追求一種平常生活，做到一生衣食無憂，就是件很簡單的事情。我們還可以騰出時間、精力來，有一些別的追求和享受。

3・做人就要懂得滿足

有一項調查表明，95%的現代人都有或多或少的自卑感。在人的一生中，幾乎所有的人都會有懷疑自己的時候，感到自己的境況不如別人。

這是為什麼呢？潛藏在人心中的好勝心理、攀比心理是這一問題的根源。我們總把他人當做超越的對象，總希望過得比別人好，總拿別人當參照物，似乎沒有別人便感覺不到自身存在的價值。於是，工作上要和同事比：比收入、比職務、比權力；生活上要和鄰居比：比住房、比穿著、比老婆，就連孩子也不放過，成了比的犧牲品。既然是比，自然要比出個高下，比別人強者，趾高氣揚；不如別人者便想著法子超過他，實在超不過便拉別人後腿，連後腿也拉不住者便要承受自卑心理的煎熬。

如果我們能持一種積極的態度去和別人比較，不如別人時便積極進取，爭取更上一層樓；比別人強時便謙虛謹慎，樂觀待人，豈不更好？

事實上，天外有天，人外有人，我們不可能在任何方面都比別人強，勝過別人。太要強的人，一味和比自己強的人比，結果由於心靈的弦繃得太緊了，損耗精神，很難有大的作為。雨果在《悲慘世界》中說：「全人類的充沛精力要是都集中在一個人的頭顱裡這種狀況，如果要延續下去，就會是文明的末日。」

俗話說，聞道有先後，術業有專攻。每一個人都有自己的特長，也都有自己的短處，一個人只要在自己從事的專業領域中有所成就便不虛此生。千萬不要因看到別人的一點長處就失去心理平衡。每一個人把自己該做的做好是最重要的，最好不要與別人比高低。每一個人在這個世界上都具有獨一無二的價值，就像人的手指，有大有小，有長有短，它們各有各的用處，各有各的美麗，我們能說大拇指就比小拇指好嗎？

一味和別人比是件不聰明的事，因為即便勝過別人，又會有「槍打出頭鳥，出頭的椽子先爛」的危險。古人云：「步步佔先者，必有人以擠之；事事爭勝者，必有人以挫之。」生活中也確實是這樣，如果一個人太冒尖，在各方面勝過別人，就容易遭到他人的嫉妒和攻擊；而與世無爭者反而不會樹敵，容易遭人同情，所以說「人勝我無害，我勝人非福」。

其實，最好的處世哲學還是不與人比，做好自己的事。每個人都有自己的生活方式，有自己存在的價值和理由，幹嘛要和別人比呢？如果心裡難受，實在要比的話，倒不如把自己當做競爭對手，和自己的昨天比，這樣既不會沾惹是非恩怨，自己還能更上一層樓，豈非自求多福？當然，比也並非是百害而無一利，它在形成競爭，推進社會前進中有不可磨滅的作用。現代社會是一個競爭的社會，如果大家都不爭先，都去爭「後」，那麼社會如何發展進步呢？

4・利字旁邊有一把刀

前幾天和朋友聊天，朋友說正為這一段時間老是做噩夢而痛苦。問及所夢內容，幾乎全是為了一點私利而與別人糾纏不休，甚至大打出手的事。我便裝作行家，為之解夢，勸他最近放下手中的生意，到處走走，躲一下「小人」，便可不再做噩夢。

朋友心中有事，自然不得清閒，即使在睡夢中也一樣。而醒來時，更是驅趕此身，作無盡的追求。當時沒有與朋友直言，其實真正的「小人」是他自己，是他自己白日裡老是想著為了蠅頭小利去與人糾纏，所以才在夢裡不得安寧。如果整天為名利所累，萬事擾心，不得安寧，即便物質生活上錦衣玉食，但精神壓力不能排解，也只能痛苦萬千。

古語說：「天下熙熙，皆為利來；天下攘攘，皆為利往。」「利」當然是社會發展最有效的潤滑劑，但不可過於看重名利，過於為名利奔波。

隨著商品經濟的發展，我們每個人都生活在講求效益的環境裡，完全不言名利也是不可能的，但應正確對待名利，最好是「君子言利，取之有道；君子求名，名正言順」。

當然，最好的活法還是澹泊名利。因為名字下頭一張嘴，人要是出了名，就會招來嫉妒，受人白眼，遭到排擠，甚至有可能由此而種下禍根。

正如古語所說：「木秀於林，風必摧之；堤高於岸，流必湍之；行高於人，從必非之。」而利字旁邊一把刀，既會傷害自己，也可能傷害別人，小利既傷和氣又礙大利。如果認為個人利益就是一切，便會喪失生命中一切寶貴的東西。

人生待足何時足？名利是無止境的，只有適可而止，才能知足常樂。其實心是人的主宰，名利皆由心而起，心中名利之欲無休止的膨脹，人便不會有知足的時候。欲望就像與人同行，見到他人背有眾多名利走在前面，便不肯停歇，而想背負更多的名利走在更前面，結果可能會在路的盡頭累倒。

知足者能看透名利的本質，心中能拿得起放得下，心境自然寬闊。

一個人如若以澹泊名利的人生態度來面對生活，他也就更易於找到樂觀的一面。但許多人口口聲聲說將名利看得很淡，甚至擺出一副厭惡名利的姿態，實際是心中無法擺脫掉名利的誘惑而做出自欺欺人的判斷，未忘名利，所以才時時掛在嘴邊。好作討厭名利之論的人，內心不會放下清高之名，這種人雖然較之在名利場中追逐的人高明，卻未能盡忘名利。這些心口不一的人，實際上內心充滿了矛盾，但名利本身並無過錯，錯在人為名利而起紛爭，錯在人為名利而忘卻生命的本質，錯在人為名利而傷情害義。

如果能夠做到心中怎麼想，口中就怎麼說，心口如一，本身已完全對名利不動心，自然能夠不受名利的影響。這樣不但自己活得輕鬆，與人交往也會很輕鬆了。

國學大師林語堂也曾經說過：「滿足的祕訣，在於知道如何享受自己所有的，並能驅除自己能力之外的物欲。」

5・珍惜我們所擁有的

有一個人因生意失敗，不但花光了自己所有的積蓄，還欠了一屁股債。他像隻鬥敗的公雞，失去了生活的勇氣和信心，終日陷入心煩意亂和無盡的憂慮中。可是一次偶遇改變了這一切。一天他在街上走著的時候，看到迎面過來一個沒有雙腿的人，他坐在一塊小木板上，木板裝在有4個輪子的溜冰鞋上，兩手各拿來一塊木板在地面上支撐滑動前進。過了街，他把自己抬高幾英寸以越過馬路到達人行道。當他費力地抬高他身下的木板時，他看見了這個失意的人，並向他粲然一笑。「早上好，先生！今天天氣不錯。」他的聲音裡充滿了活力。

這個充滿失意的人看著他，不禁感歎自己是多麼富有。和他相比，自己至少還有兩條腿可以走路，那一刻，這個人禁不住對自己的消沉感到羞恥。他告訴自己，一個失去了雙腿的人還能這麼開心、快樂並充滿自信，而自己還有一雙好腿，為什麼都不能做到？他頓時覺得信心十足起來。本來他只想著試試看能不能再找個工作，但現在，他有信心宣佈自己要去找個工作。結果，他如願以償。

這個人回去後鄭重地在自己的書房裡掛上一幅字—我正在因為沒有鞋而難過，直到我遇見一個沒有雙腳的人。

現在這個人又重新有了自己的公司，他每天都很快樂地去做事情。他這副快樂的好形象，贏得了下屬和周圍人的喜愛，人們都樂意幫助他，因此他的公司發展得紅紅火火。

快樂是很簡單的事，能活著本身就是一件值得快樂的事！生活中也要學會簡單地快樂。

快樂把人們的憂鬱、悲哀、煩悶、焦慮等全部驅逐出去，恰如太陽趕走黑暗一樣。當面前站著一個快樂的人時，所有的談話都變得活潑而生動，整個氛圍都顫動著愉快和親切的喜樂。快樂會給我們健康的形象，同時快樂也是簡單的。

快樂是健康的一劑良藥，當我們精神振奮、心境開闊時，人生便也有了新的意義。適量的運動及休息，是心情愉悅的必要因素。根據統計資料，有科學家對所謂的催眠劑做過實驗。他們讓那些疲倦和年老的人服用這些藥物，幫助他們休息。結果發現：這些人的生理組織功能提升，壽命延長，疾病不見了，相對地，他們也重新獲得新的活力。

所以，要獲得人生深度的樂趣，首先要自己感覺愉快。而要感覺愉快，就必須好好對待自己的身體。

大哲學家叔本華也說過：「我們很少注意我們所擁有的，卻總是想自己沒有得到的，甚至是不可企及的。這種態度實在是世上令人遺憾的情形之一。它給人們精神帶來的災難恐怕足以和所有的戰爭、疾病相抗衡。」

古羅馬的伊壁鳩魯說：「誰不知足，誰就不會幸福，即使他是世界的主宰也不例外。」只要每天想想自己所擁有的老天賜予的諸多恩惠，我們就應該拋卻憂慮，意氣風發地去迎接每一輪新的朝陽。

我們有家人，有朋友，有同學，有生活。我們擁有，也就必然會失去。過去的已經過去，現在的一切也終將成為過去，我們所能做的，只有珍惜現在的擁有，而不是沉湎於失去中。「塞翁失馬，焉知非福」，也許我們正在失去的，是現在短暫的歡樂，也正是未來長久的痛苦。習慣失去，珍惜擁有，不論是曾經、現在，還是未來。擁有的時候百倍珍惜，失去的時候，我們才能無怨無悔，因為我們為之努力過。

6·克服你的攀比心理

某機關有一位小公務員，過著安分守己的平靜生活。有一天，他接到一位高中同學的聚會電話。十多年未見，小公務員帶著重逢的喜悅前往赴會。昔日的老同學經商有道，住著豪宅，開著名車，一副成功者的派頭，這讓這位公務員羨慕不已。自從那次聚會之後，這位公務員重返機關上班，好像變了一個人，整天唉聲歎氣，逢人便訴說心中的煩惱。

「這小子，考試老不及格，憑什麼有那麼多錢？」他說。

「我們的薪水雖然無法和富人相比，但不也夠花了嘛！」他的同事安慰說。

「夠花？我的薪水省了一輩子也買不起一輛賓士。」公務員懊喪地跳了起來。

「我們是坐辦公室的，要一輛賓士車幹嘛！」他的同事看得很開。但這位小公務員卻終日鬱鬱寡歡。

「攀比心理」是一把刺向自己心靈深處的利劍，對人對己毫無益處。其實人比人並不會氣死人，如果可以客觀地比較的話，結果肯定是比上不足、比下有餘，對於任何一個人來說，都是如此。而會氣死人的原因是因為拿自己的缺點跟別人的優點比較，卻忽略了自己的優點。他們把比別人差的地方看得很重，比別人好的地方覺得很普通，甚至忽略看不到。

有人會說，人怎麼可以跟比自己差的人比呢？要比，當然是跟比自己好的人比了。這句話聽起來是很積極的心態，好像是在向好的方面學習，能看到不足，然後加以改善，不好嗎？當然，如果是這樣的心態的話，當然是很好，但問題是，往往自己看到別人好的地方之後，並不是開始好好努力學習，而是不斷地埋怨自己，甚至認為自己一無是處。

與別人比並不要緊，看到別人的優點可以去學習，但是這不應該是自卑和煩惱的理由。事實上，為與人攀比而生氣的人，往往是因為自身的性格和心理上的問題，使自己產生了自卑的心理。跟心理醫生談談，就可以更好地了解自己為什麼會產生自卑的心態。

在一家公司當課長的老王，就是因為自己沒能升上主任，而被新來的年輕人捷足先登了，便耿耿於懷，終日喋喋不休，有時甚至破口大罵，已發展到精神失常狀態。朋友勸其想開些，他根本聽不進去，不久得絕症去世了。

細想起來，實在不值得。如果早早自我調節，看到人家事業有成時，如果自己從中看到了努力的方向，腳踏實地，好好工作，也許下一次好事美事的就是自己的了。總之，如果能及時調整心態，結局就不會如此了。

所以，人比人是不是氣死人，就看我們怎麼比，看我們能否調整好自己的心態，心平氣和地——比上不足，比下有餘。

不要和別人攀比，他們有他們的生活，我們有我們的目標，幸福的形式是多樣的，鞋子合不合腳，只有穿鞋的人知道，別人都是毫不知情的旁觀者而已。同樣的道理，別人的痛苦我們感受不到，我們看到的別人所謂的幸福極可能只是一種假象；一個住別墅的商人可能負債幾千萬，一個開賓士跑車的企業家可能已經瀕臨破產，一對手挽手走進飯店的夫妻可能剛剛協議離婚……所以不要把自己的幸福定位在別人身上，實實在在地過自己的日子吧！

7・寬恕自己容忍別人

人的煩惱一半源於自己，即所謂的畫地為牢、作繭自縛。芸芸眾生，各有所長，各有所短。爭強好勝超過一定限度，往往受身外之物所累，失去做人的樂趣。只有承認自己某些方面的欠缺，才能揚長避短，才能不讓嫉妒之火吞滅心中的靈光。

讓自己放輕鬆一些，心平氣和地工作、生活。這種心境是充實自己的良好方式。充實自己很重要，只有有準備的人，才能在機遇到來之時不留下失之交臂的遺憾。澹泊人生是耐住寂寞的良方。轟轟烈烈固然是進取的寫照，但成大器者，絕非是熱衷於功名利祿之輩。

俗語有「宰相肚裡能撐船」之說。古人的與人為善之美、修身立德的諄諄教誨也警示世人，一個人若膽量大、性格豁達，方能縱橫馳騁；若糾纏於無謂的鷸蚌之爭非但有失儒雅，反則終日鬱鬱寡歡、神魂不定。唯有對世事時時保持心平氣和、寬容大度，才能處處契機應緣、和諧圓滿。

如果一語齟齬，便報復打擊；一事唐突，便種下禍根；一個壞印象，便一輩子記恨於心。這就說不上寬容，就會被稱為「小肚雞腸」。真正的寬容，應該是能容人之短，又能容人之長。對才能出眾者，也不嫉妒，唯求「青出於藍而勝於藍」，熱心舉賢，甘做人梯，這種精神將為世人稱道。

人要活得愉快，就得少煩惱；要少煩惱，心胸就得豁達一些，寬廣一些，學會寬恕自己和容忍別人，這就叫做寬舒人生。本來，生活就應該從容不迫，悠然自得。

心平氣和，首先就得接受自己，不對自己要求過分苛刻，也不看不起自己。遇到不幸和災禍，我們會像其他人一樣痛苦，但是他們能夠想得開，而且能照常生活。他們也不像有些人那樣，為可能發生的災禍憂心忡忡，他們會做一些必要的準備，但是不會為此身心憔悴。

心平氣和的人生活得很隨意，他們摸透了自己的脾氣，知道自己的欲望和觀點，幹什麼事都不用先去調查求證，或者察言觀色，看別人的意見，他們只管我行我素，走自己的路。

同時，心平氣和的人能夠容忍他人，容忍自己所不知道的東西。他們知道生活是變化無常的，這是個人所無法改變的現實，人不但要接受這種現實，而且還要從這種現實中找到樂趣，大可不必提心吊膽、顧慮重重。對於自己不懂的事情，他們總是採取承認的態度，承認之後再去慢慢琢磨它，了解它。

春暖花開，像笑容一樣燦爛，因為有陽光，它給了大地溫暖，給了我們幸福。因為有你，我還快樂著。寬恕自己，寬容別人。這是種幸福的解脫。

8・做好自己該做的事

從前有一個商人，他隨身帶了300頭駱駝，還有120個僕從。有一天，他在一家旅店和別人夸夸其談。他說他在某地有一批貨，在某地還有很多房產。他打算先去某地住上一段時間，然後去另一個地方去旅行。別人問他旅行計畫如何，他回答說他將去那個地方看看有沒有什麼東西有利可圖，如果有就順便帶回來。等自己賺了足夠多的錢就再也不奔波了，再去旅行。別人笑了，對他說其實如果去旅行的話，他遇到覺得有利可圖的東西還是會帶回來，讓他停頓下來是不可能的，因為他過於貪婪。有人曾經在沙漠裡看到一個快死的商人，他的遺言是：貪婪的眼睛如果得不到滿足，終究會被黃土將它封住。

如果追求自己的利益過於露骨的話，很難得到別人的認同，會被同事認為是自私的表現，進而疏遠自己。可以把自己和老闆的關係來進行考慮，正如某個公司培訓時所說的一樣，「不要認為老闆利用你，是你吃虧。因為你有利用價值，老闆才利用你，如果沒有利用價值老闆根本就不會提起你。」

我們可以把老闆想像成為在利用我們，但是，老闆在追求自己利益和組織利益的同時會對我們進行利益補償。很少有老闆只是利用員工，而不對員工進行補償的。有些下屬對老闆總是吩咐自己做事情表示不滿，認為老闆總是將一些無關緊要的事情讓自己來處理，而把重要的能增長見識的事情交給自己的心腹。試想如果我們小事情都不能替老闆辦好，老闆怎麼可能把我們當做心腹，怎麼可能把重要的事情交給我們處理。更何況有許多老闆通過小事情來檢驗下屬的忠誠度，他們認為如果下屬能夠認真細緻做小事情的話，自然以後會有一些重要任務交給他們。

人無論追求什麼，一定要有度，無度的話很容易招惹上災禍。其實要想控制自己的貪心最好的辦法就是給自己定一個目標，達到目標後就立即轉型。追求財富的人應該給自己一個追求財富的目標，這個財富應該是自己通過努力能夠達到的，是一種理想，而不是一種幻想。在達到以後就停止對財富的追求，去做一些自己想做的事情。

做自己該做的事，盡心盡力，盡職盡責！做自己該做的事，雖不能盡善盡美，但我們能盡情地享受生活給予我們的樂趣！

國家圖書館出版品預行編目資料

世界很大，你要活得很美／孫麗 主編 -- 初版 --
新北市：新潮社，2020.08
冊；　公分
ISBN 978-986-316-769-3（平裝）
1.人生哲學 2.自我實現

191.9　　109007230

世界很大，你要活得很美

主　　編　孫麗
企　　劃　天蠍座文創製作
出　　版　新潮社文化事業有限公司
電話 02-8666-5711
傳真 02-8666-5833
E-mail：service@xcsbook.com.tw

印前作業　東豪印刷事業有限公司
印刷作業　福霖印刷有限公司

總 經 銷　創智文化有限公司
新北市土城區忠承路 89 號 6F（永寧科技園區）
電話 02-2268-3489
傳真 02-2269-6560

初　　版　2020 年 8 月